W0067524

GÜTERSLOHER
VERLAGSHAUS

Gütersloher Verlagshaus. Dem Leben vertrauen

Carsten Tergast

Wer hier klaut, stirbt!

Horst Lichters Geschichten
von tausendundeinem Leben

Mit Fotos von Peter Wirtz

Gütersloher Verlagshaus

Inhalt

Inhalt

Vorwort

Vor mittlerweile zwanzig Jahren hat Horst Lichter im rheinischen Rommerskirchen-Butzheim seine „Oldiethek" eröffnet. Die Geschichten, die Lichters unfassbar große Sammlung an Kitsch, Antiquitäten, Krempel und anderem zu erzählen hat, sind hier auf engstem Raum versammelt.

Horst Lichter selbst liebt es, diese Geschichten seinen Gästen in der Oldiethek mitzuteilen – und wer ihn einmal dabei erlebt hat, weiß sofort, woher seine Glaubwürdigkeit auf der großen Fernsehbühne stammt, von der er nicht mehr wegzudenken ist.

Als die Idee zu diesem Buch entstand, wollte ich zunächst nur die Geschichte und Geschichten der Dinge in Horst Lichters Laden erzählen. Für alle, die schon mal dort waren, um schöne Erinnerungen wachzurufen. Und für alle, die es noch nicht geschafft haben, sich einmal auf den Weg nach Rommerskirchen-Butzheim zu machen.

Schnell wurde mir jedoch klar, dass mehr hinter den Dingen und der Oldiethek steckt als nur eine Sammlung von Geschichten. Bis heute ist sein Laden die Tankstelle für Seele und Geist des Fernsehkoches, des genialen Entertainers, des Clowns und des großen Erzählers Horst Lichter. Hier tankt er die Energie, die er für seine rasante Fahrt auf der Fernseh- und Show-Autobahn dringend benötigt. Deshalb ist immer wieder von all diesen Dingen die Rede: vom Laden, den sein Besitzer als ein sich ständig wandelndes Lebewesen empfindet. Von Horst Lichter selbst, der die Seele dieses Lebewesens ist. Und von den Geschichten aus

tausendundeinem Leben, die all die wunderschö-
nen, seltsamen, kleinen und großen Dinge zu erzählen haben, die zu diesem Lebewesen gehören.
Horst Lichter und sein Laden – das sind Bestand-
teile einer großen menschlichen Lebensphiloso-
phie. Und so wie das Abenteuer der Philosophie nach Aristoteles mit dem Staunen beginnt, sollte sich auch der Besucher der Oldiethek einen gesunden Sinn
fürs Staunen bewahrt haben.

Ich jedenfalls bin aus dem Staunen kaum mehr herausgekommen, nachdem ich
mich auf dieses Abenteuer eingelassen hatte: hinter das Geheimnis von Lichters
Oldiethek zu schauen.

Ich hoffe, Ihnen, liebe Leserin und lieber Leser, geht es beim Lesen dieses Buches
ebenso.

Im September 2008   Carsten Tergast

Lesetipp:

Die Lebensgeschichte einer schillernden Persönlichkeit – erzählt in Text und Bild von Markus Lanz in seiner Biografie
über Horst Lichter. Über allem steht eine Frage: Wie viel Horst
Lichter steckt in jedem von uns?

Das Titelbild dieses Buches stammt ebenfalls von Markus Lanz.

„Hier sieht's aus wie bei uns im Keller.
Nur hundertmal schöner ..."

Ein Laden, kein Museum

Es ist eine der anrührendsten Geschichten, die Lichters Oldiethek mit den unendlich vielen kuriosen Gegenständen zu erzählen weiß: als Horst Lichter einmal von einer alten Dame einen kompletten Brockhaus von 1895 geschenkt bekommt, weil sie Angst hat, dass ihre Kinder und Enkel das gute Stück entweder wegschmeißen oder meistbietend verhökern.

Die Geschichte ist eine von vielen schönen Geschichten dieses Buches – und sie zeigt vor allem eins: Irgendwann fangen Menschen an zu überlegen, wo die Dinge, die ihnen ans Herz gewachsen sind, später einmal bleiben werden.

Viele der Gegenstände in Horst' Oldiethek sind durch solche Gedanken hier gestrandet: weil die Spender der Dinge sicher sein konnten, dass die damit verbundenen Geschichten und Gefühle nur so gerettet werden können. Horst Lichter: Der ist ein Sammler alter Dinge, aber vor allem ist er auch ein Geschichtensammler. Und kaum etwas macht ihm, der so ungerne die Zukunft plant, mehr Sorgen als der Gedanke daran, was einmal mit der Oldiethek und ihrem reichen Geschichtenschatz geschehen wird, wenn er einmal nicht mehr ist: „Sach mal, hast du dir eigentlich mal überlegt, wo das hier alles bleibt?"

Undenkbar, dass all das verloren gehen könnte. Denn seit fast zwanzig Jahren finden hier Dinge und Geschichten einen Ort, an dem sie weiterleben dürfen.

Aber ist Horst wirklich nur ein „Messie im Endstadium", wie mal einer boshaft bemerkt hat? Einer, der nix wegschmeißen kann und in seinem Sammelsurium noch irgendwann untergehen wird? Keinesfalls. Horst Lichter: Der ist höchstens ein Romantiker im Endstadium.

„Wer hier klaut, stirbt!" So steht es auf einem Schild an der Eingangstüre zu diesem vielleicht seltsamsten Laden Deutschlands.

„Laden" ist auch das Wort, das Horst Lichter meistens gebraucht, wenn er über seine Oldiethek spricht. „DER Laden", um genau zu sein, denn sowas Verrücktes gibt's nirgends sonst.

Nach dem Öffnen der schweren Eingangstür macht der Besucher erstmal große Augen. Sobald seine Riesenkuller sich an das schummrige Licht gewöhnt haben, erblicken sie unzählige Gegenstände: Überall stehen Gerätschaften, Möbel, Fahrzeuge. Gemälde, Tafeln, Plakate hängen an den Wänden, egal, wohin man blickt. Schränke und Regale, vollgestopft mit den verrücktesten Dingen. Nach der ersten Sprachlosigkeit folgen die Kommentare:

„Guck mal, die vielen Kaffeekannen!"

„Auf genau so einem Motorrad hab ich damals fahren gelernt!"

„Mit solchen Töpfen können die jungen Leute heute ja gar nicht mehr kochen."

Jeder Einzelne findet in dieser Trödel-Kitsch-Antiquitäten-Mischung irgendwann etwas, was ihn persönlich berührt. Der Laden ist ein echter Herz-Öffner, schon manch einer hat hier Geschichten preisgegeben, die ihm sonst niemand entlockt hätte. Jeder Millimeter im Laden ist ausgefüllt mit den verschiedensten Dingen und Gegenständen.

„Kein Wunder, dass dich das schockt", sagt Horst, „wenn du hier reinkommst, bist du natürlich erstmal platt, weil hier ja viel zu viel drin ist. Da blickst du gar nicht durch, was das soll."

Viel zu viel und doch nie genug. Denn wer sich auf die Fülle in der Oldiethek eingelassen hat, verfällt ihr und möchte am liebsten zu jeder Kleinigkeit in den Regalen so geniale Geschichten hören, wie Horst Lichter sie über fast jeden Gegenstand hier erzählen kann.

Einen Riesenfehler macht allerdings, wer diesen Laden für eine Art Museum hält: „Wer so denkt, hat den Laden nicht verstanden", sagt Horst eindringlich. Hier wird nicht totes Material ausgestellt, eingeordnet und analysiert. Hier dürfen alte Dinge einen ewigen Frühling erleben. So wie seine Dinosaurier. Ja, genau. Was? Dinosaurier? Tatsächlich: Dinosaurier.

Plesiosaurus dolichodeirus

HERR LICHTER, WO SIND DIE DINOSAURIER HER?

Der Mensch neigt ja dazu, vor allem Dinge wahrzunehmen, die ihm in Augenhöhe präsentiert werden. Doch bisweilen lohnt es sich, den Kopf zu heben und den Blick in höhere Sphären schweben zu lassen.

Wer das beim Eintritt in die Oldiethek beherzigt, erblickt auf der linken Seite, ganz oben unter der Decke, eine Art Bildergalerie, bestehend aus vier überdimensionalen Bildern, die alle ähnliche Motive zeigen. Dinosaurierskelette sind dort zu sehen, die sehen allerdings ziemlich seltsam aus, eins ähnelt mehr einem Hund als einem Dinosaurier. Auf einem weiteren meint man, das Skelett eines norwegischen Elches zu erblicken, anstatt des aus etlichen Jugendbüchern sattsam bekannten Tyrannosaurus Rex oder Brontosaurus. In „Jurassic Parc" sahen die Viecher auch irgendwie anders aus …

Die Geschichte dieser Bilder gehört zu Lichters Lieblingsgeschichten. Sie spielt sich in den Anfangsjahren der Oldiethek ab, „damals, als hier drinnen ja noch fast nix war und ich froh sein konnte, dass ich da oben die Wand weiß angepinselt hatte."

Fahrende Leute kamen damals bisweilen durch Butzheim, die ihren Lebensunterhalt zu einem guten Teil durch den Verkauf von Sachen bestritten, deren genaue

Herkunft keiner so ganz genau wissen wollte. „Diese Leute hatten irgendwann auch die Dino-Bilder dabei und boten mir die zum Kauf an." Horst Lichter ist sofort vollkommen fasziniert von den alten Schinken, Dinosaurier haben ihn zwar nie besonders interessiert, aber zu diesen Gemälden zieht ihn eine unsichtbare Kraft hin. Heute führt er das vor allem auf die schiere Größe der Bilder zurück, „wenn die am Boden stehen, sind die ja noch viel beeindruckender als da oben an der Wand." Vier Bilder, jedes 2 Meter breit und 1,50 Meter hoch, vollkommen absurd eigentlich, sowas in Rommerskirchen in einen Laden zu stellen. Aber irgendwie wirken sie auch wieder sehr geheimnisvoll, scheinen stumm eine Geschichte zu erzählen, die keiner hören kann.

Jedenfalls reagiert Horst typisch lichter'sch, hört nicht auf die Stimme der Vernunft und schickt die Menschen mit den Bildern weiter, sondern erkundigt sich stattdessen nach dem Preis. Zu diesem Zeitpunkt haben die gewitzten Verkäufer längst gemerkt, dass er scharf auf die Bilder ist, bieten ihm alle vier Stück für zusammen 10.000 DM an, eine utopische Summe für Lichter zu jener Zeit, „ich hatte ja nicht mal genug Geld, um satt zu werden." Schweren Herzens schickt er die Leute weg, doch der Gedanke an die Dinos hat Besitz von ihm ergriffen, und „das wussten die Schweinehunde natürlich." Am nächsten Tag steht der ganze Trupp wieder mit den vier Bildern bei ihm vor der Tür. Und Horst leidet, er möchte diese Viecher sein eigen nennen, er kämpft mit sich, sagt nochmal nein, er weiß doch, dass das kompletter Wahnsinn ist. „Am dritten Tag bin ich zur Bank, hab mir 10.000 DM geliehen und die Bilder gekauft."

Horst, wie er leibt und lebt. Nix zu essen, keinen Plan, wie es weitergeht, aber vier überdimensionale Bilder mit Dinosauriern gekauft, einfach, weil sie so toll sind. Das ist das gelebte „Prinzip Oldiethek", in dem Moment musste es genauso geschehen, einfach so. Horst hat es nicht verhindert, hat nicht die schnöde Vernunft siegen lassen, sondern freut sich einfach nur, dass diese Bilder endlich in seinem Besitz, oder besser gesagt: im Besitz des Ladens sind. Denn dort gehören sie hin, er käme nie auf die Idee, sich die Dinger in die Wohnung zu stellen. Sie gehören in den Laden. Allerdings setzt der Verstand schnell wieder ein: „Als die weg waren und ich die vier Bilder da stehen hatte, kriegte ich Bauchschmerzen. Da war kein Besitzerstolz mehr da, sondern nur noch blanke Panik. Ich hab gedacht: Ach du Scheiße, was hab ich denn da gemacht …"

Er überlegt hin und her, 10.000 DM Kredit am Hals und ein paar gemalte Dinoskelette als Gegenwert, das klingt gar nicht gut. Frau Dr. Schilke fällt ihm ein, seine

Hausärztin, diejenige, die ihm das Leben gerettet hat, als sein Körper streikte und er schon fast aus dem Diesseits geschieden war. „Deren Mann war Künstler und gab eine ganz hochwertige Kunstzeitschrift heraus, das war also jemand, der Ahnung von Bildern hatte und bestimmt was dazu sagen könnte."

Also geht er hin, lädt die Schilkes zum Essen in die Oldiethek ein. Die nehmen die Einladung gerne an, lassen sich von Horst lecker bekochen, man quatscht in Ruhe, alles so, wie es seiner Vorstellung von einem gelungenen Abend entspricht.

Doch Horst will natürlich etwas von seinen Gästen, je näher das Ende des Menüs rückt, desto unruhiger wird er, schließlich bittet er das Ehepaar Schilke, ihm in die Halle zu folgen, er möchte ihnen gerne etwas zeigen und ihre Meinung dazu hören.

„Wir sind also in die Halle gegangen, wo ich die Bilder stehen hatte, mit einem wei-ßen Tuch abgedeckt." Er zieht das Tuch von den Bildern, „und dann passierte das Schrecklichste, was überhaupt in so einem Moment passieren kann …" Schilkes verziehen keine Miene, geben keinen Kommentar, weder Entzücken wegen der besonders schönen oder wertvollen Bilder, noch Stirnrunzeln wegen des unglaub-lich wertlosen Gerümpels, das er sich hat andrehen lassen. Beide sagen schlicht und ergreifend gar nichts. „Damit hatte ich überhaupt nicht gerechnet, die blieben einfach stumm. Irgendwann sagte Herr Schilke nur noch: ‚Herr Lichter, wir bedan-ken uns für den schönen Abend, es wird jetzt Zeit für uns zu gehen.'"

Bumm. Horst ist wie vor den Kopf geschlagen. „Vorher hatte ich schon Bauch-schmerzen, doch ab da hatte ich erst recht welche. So, wie man als Kind weiß, dass man bei irgendwas erwischt worden ist und Bauchschmerzen bekommt, so ging's mir in dem Moment, mir war richtig schlecht."

An Schlaf ist in dieser Nacht nicht zu denken, sein Kopf schwirrt vor Dinobildern, stummen Betrachtern und ungewissen Befürchtungen. Am nächsten Tag besorgt er einen Blumenstrauß und macht sich auf den Weg zur Schilke'schen Praxis, um sich zu entschuldigen, falls er unbewusst einen Fehler gemacht haben sollte.

Die Ärztin schaut ihn nachdenklich an und teilt ihm mit, sie habe wegen der Bilder mit ihrem Mann noch eine große Meinungsverschiedenheit, man kläre das aber gerade. Horst versteht erstmal gar nichts, aber Frau Dr. Schilke klärt ihn weiter auf: „Mein Mann hat mir vorgeworfen, ich hätte Ihnen die Bilder verkauft, ich habe meinem Mann aber den gleichen Vorwurf gemacht. Die Sache ist nämlich die: Die Bilder gehören UNS …"

Wie bitte? Horst ist baff, mit allem hat er gerechnet, damit nicht. Die Erklärung klingt dann ganz logisch. Schilkes gehört ein Schloss in der Nähe von München. Die Dinosaurierbilder gehören, besser gesagt: gehörten, dort zum Inventar.

Schilkes müssen die Sachlage erstmal klären, Horst fährt wieder nach Hause, wartet auf den Anruf, der endgültige Klärung bringen soll. „In dem Moment ging es mir noch schlechter", erinnert er sich, die Sache läuft ihm immer mehr aus dem Ruder. Doch der nächste Tag bringt die Wende. Der Schlossverwalter, so stellt sich raus, hat sich mit dem Verkauf von Schlossinventar eine hübsche Nebenerwerbsquelle geschaffen und dabei neben vielen anderen Dingen auch die Dinosaurierbilder verhökert. Lichter ist also rehabilitiert, und es kommt noch besser. Schilkes handeln pragmatisch, der Verwalter muss für den Schaden aufkommen, die Bilder bezahlen, und Horst bekommt sie vom Ehepaar Schilke, den rechtmäßigen Besitzern, geschenkt. Zu allem Überfluss existiert dazu ein Wertgutachten für die Dinoskelette, das von einem Wert von 5.000 DM pro Bild ausgeht. Ein Schnäppchen war's also letztlich auch noch ...

Und jetzt klärt sich endlich auch die Historie der Bilder, die 1894 von einem gewissen Erzherzog Richard in Auftrag gegeben wurden. Kein Wunder also, dass die Abbildungen der Dinoskelette nicht den Vorstellungen des 21. Jahrhunderts entsprechen.

Von „einfach nur schön" zu „historisch wertvoll", die Karriere der Bilder in der kurzen Zeit in Horst Lichters Besitz ist schon ganz schön atemberaubend, doch damit nicht genug. Anfang der 90er nämlich soll es im Bonner Museum König eine große Dinosaurier-Ausstellung geben. Irgendjemand hat mitbekommen, dass in Lichters Oldiethek vier tolle Dinobilder hängen, die sich in der Ausstellung wahnsinnig gut machen würden. Man bekundet also Interesse an den Bildern – und Horst ist nicht abgeneigt, verspricht er sich doch Erleichterung seiner angespannten finanziellen Lage, falls er die Bilder zu einem guten Preis wieder verkaufen kann. Doch wie so oft im Leben redet man aneinander vorbei.

Eine ältere Dame, Kunstexpertin des Museums, besucht ihn im Laden, begutachtet die Bilder und ist sehr angetan davon. „Sie hat mir viel erklärt über die Maltechnik und andere Dinge und sagte dann: ‚Herr Lichter, die möchten wir gerne für das Museum haben.‘"

Horst freut sich: „endlich wieder Kohle in der Kasse", fragt nach dem weiteren Procedere, und man redet weiter aneinander vorbei. Die freundliche Dame erklärt ihm, er müsse sich um nichts kümmern, das Museum werde selbstverständlich die Bilder abholen und alles regeln. Nur von

Geld redet sie nicht. Als Horst versucht, das Gespräch möglichst taktvoll in diese Richtung zu lenken, und fragt, was denn nun für ihn dabei rumkomme, wahrt die Dame ihre Kunstexpertinnen-Contenance und erklärt ihm, er müsse sich überhaupt keine Sorgen machen. Natürlich werde jedes Bild eine Messingplakette erhalten, auf der zu lesen sei, dass Horst Lichter diese Bilder dem Museum gestiftet hat.

Und zur Eröffnung der Ausstellung werde er selbstverständlich ebenfalls geladen.

GESTIFTET. Keine Kohle in der Kasse, sondern edler Förderer von Kunst und Kultur. Das ist in jener Zeit zu viel für Horst, so hat er sich das nicht vorgestellt. Freundlich teilt er der Dame mit, dass er nicht gedenke, als Stifter aufzutreten und dass die Bilder, wenn das Museum an einem Erwerb nicht interessiert sei, eben in der Oldiethek verbleiben würden.

Und hier hängen sie seit jenen bewegten Tagen, die stolzen Dinos aus dem 19. Jahrhundert. Sie blicken auf die Besucher des Ladens herunter, als wenn die vier niemals woanders gehangen hätten. Auch sie sind längst Teil des Ladens geworden.

Kleiner Tipp: Am besten bewundern lassen sich die possierlichen Tierchen, wenn man die Treppe in die obere Etage hochsteigt und sich auf die obersten Stufen stellt. Dem rechten der Dinos kann man dann gaaaanz tief in die Augen gucken ...

„Wo kriegt der Lichter das nur alles her?
Weiß der eigentlich, was er hier alles hat?"

Ich hatte mir das hier ja
schon schräg vorgestellt ...

„Geil! Cool! Was is' DAS denn?" Stellt man sich eine Weile in den Eingangsbereich der Oldiethek, kann man stets die gleichen Szenen beobachten. Menschen aller Altersstufen und sozialer Herkunft kommen in den Laden und sind völlig fertig von dem, was sie hier sehen. So wie die älteren Damen, die staunend durch den Laden wandeln und sich schließlich zum Kaffeetrinken auf einer der Kirchenbänke an einem alten Couchtisch niederlassen. „Ich hatte mir das hier ja schon schräg vorgestellt", sagt die eine zur anderen. „Aber SO schräg auch wieder nicht!" Antwort: „Stimmt!"

Schräg. Nicht der schlechteste Versuch, die Atmosphäre im Laden zu beschreiben, das, was den Besucher erwartet, wenn er Horst Lichters Welt betritt. Und wenn man weiterhin den Menschen zuhört, die durch die Oldiethek laufen, merkt man: Der Laden und sein Besitzer füllen eine Lücke aus. Die Menschen würden gerne selbst sowas Schräges machen. Und eigentlich haben sie ja auch ein Faible für all diese Dinge, würden gerne Kaffeekannen, Autos, Schreibmaschinen, Bilder aufbewahren und allem einen schönen Platz einräumen. Doch es geht nicht. Keine Zeit, kein Platz, kein Geld, kein Mut. Und hier ist nun ein Ort, an dem all das möglich geworden ist. Horst ist einer, der es gewagt hat. Gewagt und gewonnen. Die Leute gewonnen, ein neues Leben gewonnen, sich mit einer dunklen Halle, die von all dem Zeug, das drinsteht, noch dunkler wird, auf die Sonnenseite des Lebens begeben.

Und das Schöne ist, dass Horst all das, womit er gewagt und gewonnen hat, mit den Menschen teilt und es so lebendig hält. Die Menschen erkennen sich wieder, ständig läuft einer durch den Laden und sagt Dinge wie: „Guck mal, MEIN Staubsauger!" oder: „Ach neee, das ist doch UNSER Schrank!"

Da steht natürlich nicht deren Staubsauger und deren Schrank, aber beim Anblick dieser Dinge, die so ähnlich auch mal im eigenen Besitz waren, schießen den Leuten sofort die eigenen Geschichten in den Kopf. Und dann wird erzählt …

„Der Schrank [der jetzt in der Oldiethek links vom Eingang steht, Anm. des Verf.] hat doch früher bei Oma im Wohnzimmer gestanden."

„Jaaa, genau, wenn beim Geburtstag Kaffee und Kuchen vorbei war, hat sie da immer die Likörgläser rausgeholt, dann wurd's richtig lustig. Und im untersten Fach waren die Tischdecken."

„Stimmt, und irgendwann musste der Schrank dann leider raus, Oma kriegte einen modernen, den sie eigentlich gar nicht mochte."

„Ja, und der alte schöne Schrank, der all die Geburtstage mitgemacht hat, ist im Keller gelandet, eingestaubt, und alle haben ihn vergessen."

Und nun steht er hier, nicht der von Oma natürlich, aber er könnte es sein, er scheint die gleichen Geschichten zu erzählen, auch wenn dieses Exemplar vielleicht eine ganz andere Geschichte hat. „Das ist aber völlig egal, wenn eben dieser Schrank das Herz der Menschen berührt." Der Schrank ruft den Leuten die Oma, ihre Geburtstage und auch die Geschichten der Geburtstage wieder in Erinnerung. Das ist es, was Horst gefällt. Überhaupt ist es das, was immer wieder auffällt: Der Laden belebt das Zwischenmenschliche, denn auch die Besucher untereinander kommen ins Gespräch und haben ihren Spaß daran, sich über Staubsauger, Motorräder und Schränke auszutauschen:

„Auf so einem Moped bin ich zu meiner ersten echten Verabredung gefahren. Das Mädel hätt' ich glatt geheiratet. Aber die fand meinen Freund besser …"

„Der hatte wahrscheinlich die schnellere Maschine, mit einer Zündapp hattest du halt einen besseren Stand bei den Mädels."

„Nix da, meine Kreidler war die Nummer eins, der Knabe muss andere Vorteile gehabt haben …"

Solche Dialoge sind häufig, und gerade die vielen Motorräder und Mopeds im Eingangsbereich rufen sie hervor. Die rote Kreidler RS etwa, die wie auf einem Podest thront, ist ein Denkmal für diese Menschen. Immer wieder hört man Ausrufe wie „'Ne Kreidler, ich werd bekloppt!" oder „Die sieht genauso aus wie meine alte RS".

Die Leute staunen, sofort entwickeln sich in solchen Momenten lebendige Gespräche rund um diese legendäre Motorradmarke und ihre unterschiedlichen Modelle. Die konkrete Geschichte der RS in der Oldiethek interessiert in diesem Moment nur noch am Rande. Indes, es gibt sie ...

JUGEND AUF'M MOPED

Die rote Kreidler RS versetzt auch Horst Lichter direkt zurück in seine Jugend. „Mopeds waren für uns mit das Wichtigste im Leben, wichtiger als die Mädels vielleicht." Wie die meisten begeisterten Fans spricht er Moped mit Doppel-PP: MoPPed. Klar, ohne Moped kein Mädel, der junge Horst und seine Kumpels wussten genau, was die Stunde geschlagen hat. „Mit Mopped warst du mobil, konntest überall hin, auch aus der tiefsten Provinz. Jugendliche, die heute in der Stadt aufwachsen, kapieren das gar nicht mehr. Mit Mopped warst du damals mit sechzehn schon der King!"

Und dann die Konkurrenzkämpfe. „Das spielt auch 'ne Rolle, wenn die Menschen die RS da stehen sehen. Manche hatten vielleicht 'ne Zündapp. Dann sagt der eine, wie geil seine Kreidler abging, und der andere nur ganz locker: ‚Mit der Zündapp hab ich sie trotzdem alle versägt!'" Generation Kreidler. „Freiheit, Abenteuer, das erste Mädel-mitnehmen-können." Für heutige Mitt- und Anfangdreißiger kaum zu verstehen, dass diese Kisten damals so begeisterten. Für Lichter und viele der Motorradfreaks in der Oldiethek aber ist das ein Stück ihres Lebens, und zwar nicht das unwichtigste.

Warum ausgerechnet die RS? Lichter erinnert sich an ein Schlüsselerlebnis: „Da gab's damals 'ne Zeitschriftenwerbung, da war 'ne RS abgebildet, drauf saß ein Typ mit Lederkombi und Vollvisierhelm, hinter ihm so ein verdammt hübsches Bikinimädel. Das war Duft von großer weiter Welt. Vor allen Dingen sah das nach MOTORRAD aus, nicht mehr nach Mopped. Aber das Ding durftest du mit sechzehn fahren ..."

Wenn man sie sich denn überhaupt leisten konnte. „So 'ne Kiste kostete damals 2350 DM, da musste einer lange für arbeiten." Die Kreidler RS als Eintritt ins Erwachsenenzeitalter, während heute auf manch 18-Jährigen zum Führerschein der Mercedes von Papa wartet. Die Zeiten ändern sich: „In der Leasing-Gesellschaft von heute fragt keiner, was ein Auto kostet, sondern, was es im Monat kostet. Haste ein neues Auto? Ja, kostet 89 Euro ..."

Horst erinnert sich gerne an die damaligen Zeiten, besonders die RS geht ihm nicht aus dem Kopf, doch gut erhaltene Stücke sind im Nachhinein nur schwer zu bekommen. Warum? „Das waren ja alles kleine Schweinehunde damals. Die haben die Dinger im Baggersee versenkt und die Versicherung betuppt, um die Kohle rauszuholen für das erste Auto. Oder die haben sie komplett kaputt gefahren, völlig verheizt, bis die Maschinen richtig Kernschrott waren."

Kernschrott ist nix für die Oldiethek, Horst will ein Schmuckstück, gut erhalten, um den Traum von damals wieder lebendig zu machen. Lange Zeit sucht er, dann trifft er einen älteren Herrn aus Solingen, „ehemaliger Maler, Mopped-Sammler, der die Dinger selbst restauriert."

Sie quatschen sich durch die Moped-Historie, „kommen vom Hölzken aufs Stöcksten", und schließlich schwärmt Horst von seinem RS-Traum. Dauert nicht lange, und der Traum steht im Laden, rot, schön und äußerst animierend für tausende Moped-Geschichten der Besucher. Die sind dann vielleicht genauso schön; wie die eine, die der Solinger Kreidler-Sammler selbst erzählt.

„Wir waren jung, ich war damals schon leidenschaftlicher Kreidler-Fahrer, hatte gerade die erste Maschine gekauft. Urlaub musste auch mal sein, und so haben wir was in Bayern gebucht. Es gab nur ein Problem: Die Kreidler muss natürlich mit. Nur: Mit zwei Leuten auf dem Moped da runter, plus Gepäck? Unmöglich. Also habe ich Frau und Gepäck in den Zug gepackt und gen Süden geschickt. Und für mich hieß es: Helm auf, Motorradklamotten an und mit der Kreidler hinterhergedüst. Zwei Tage lang aus dem tiefsten NRW nach Bayern. Als ich dann auch endlich dort war, haben wir mit der Maschine unsere Urlaubsgegend erkundet."

Wunderschöne Erinnerungen sind das, wie gemacht für die Oldiethek. Leider ist die rote RS im Laden nicht die Urlaubs-Kreidler von damals. „Das wär natürlich noch geiler, wenn dieser heiße Ofen heute bei mir stünde ..." Naja, man kann ja nicht alles haben.

Heiße Öfen stehen in der Oldiethek en masse, der Laden ist schließlich ein Eldorado für Biker. Für den Koch Horst Lichter sind einige andere heiße Öfen allerdings von

„Herr Lichter, warum tun Sie sich das denn an? Wissen Sie nicht, dass es heute Elektroöfen gibt?"

(Eine neunzigjährige Dame, nachdem Lichter auf seinem Kohleofen ein Geburtstagsmenü für sie gezaubert hatte)

Ohne Ofen keine Oldiethek

Den Ofen suchen sie alle. Jeder, der Horst Lichters Oldiethek in Rommerskirchen-Butzheim betritt, will das sagenumwobene Gerät sehen, auf dem Lichter seine berühmten 400-Gramm-Steaks brutzelt.

Also biegen sie nach dem Eintreten rechts ums Eck und schauen sich jenen klassischen Lichter'schen Ofen an, flämisch, 150 Jahre alt, auf dem er an all den denkwürdigen Restaurantabenden in der Oldiethek seine Gäste bekocht. Und nur er beherrscht dieses Mordsgerät: „Jeder Sterne-Koch hätte Probleme, an dem Ding hier zu kochen, das is' 'ne völlig andere Welt als an so'nem Hightech-Ofen."

Dass dieser Ofen hier reinpasst wie kein zweiter, sieht jeder sofort. Die innige Beziehung zwischen Horst und seinem wichtigsten Werkzeug beginnt allerdings schon Jahre vor Eröffnung der Oldiethek.

Das Inventar des Ladens auf Floh- und Trödelmärkten zusammen zu kaufen, war und ist eigentlich nicht sein Ding, weil „du da ja nie die Geschichten dazu weißt." Gerade heute, wo solche Märkte immer professioneller werden, reizt es ihn kaum noch, dort bummeln zu gehen. In jungen Jahren sah das noch ein wenig anders aus. „Damals gab es noch so richtige Trödelmärkte. Wo du sehen konntest, dass da mal jemand den Dachboden leergeräumt und richtig tolle Sachen gefunden hatte. Der Enkelsohn verhökerte dann da Sachen, und Oma saß daneben, lachte sich kaputt, was der Kleine alles an den Mann bringt, und erzählte dir noch 'ne Geschichte dazu."

Auf so einem Markt, in Bergheim, nicht weit von Rommerskirchen, sieht Horst einen bombastischen Küchenherd, alt, schwer, ein geniales Teil. Der erregt seine Aufmerksamkeit, obwohl seine Prioritäten zu jener Zeit noch ganz andere waren: „Da hab ich mich eigentlich noch nicht so richtig für Küchengeräte interessiert. Mopeds, Autos, Mädels, klar, alles superwichtig, aber so'n Herd?" Dieser hier interessiert ihn trotzdem. Warum, kann er sofort sagen, und die Begründung ist typisch Lichter: „Na, der war einfach schööööön! Wie ein Möbelstück, außergewöhnlich und SCHÖN."

Schön, aber natürlich viel zu teuer. 1.500 Mark will der Verkäufer haben, ein Vermögen, weit außerhalb dessen, was Lichters Portemonnaie hergibt. Schweren Herzens lässt er Verkäufer und Herd dort, wo sie sind, doch der Gedanke hat sich in seinem Kopf festgesetzt. Irgendwann mal so einen Herd haben, einfach nur zum Hinstellen und Angucken. Weil der doch sooo schön ist!

Jahre später, die Zeit der Zusammenbrüche und Krankheit ist vorbei, die Halle für seinen Laden hat er auch schon gefunden, aber ohne Ofen keine Gastronomie. Und Horst ist sofort klar: „Hier kann nur EIN Ofen rein, der von damals, der vom Bergheimer Trödelmarkt." Er geht auf die Suche, zieht über die Märkte, wann immer er Zeit hat, „aber es sollte natürlich nicht sein, kein einziger Verkäufer mit Öfen, ich bin jedes Mal mit leeren Händen zurückgekommen."

Ein Freund kommt schließlich auf die Idee, die Veranstalter der Märkte anzusprechen und zu fragen, ob jemand regelmäßig einen Stand bucht, um Öfen zu verkaufen. Eine gute Idee, wie sich herausstellt, weil der damalige Verkäufer noch mehr alte Öfen im Angebot hatte. Gesagt, getan, und Erfolg gehabt. Horst bekommt eine Adresse und Telefonnummer in der Eifel, ruft an, fährt hin und steht im Ofenparadies. „Der hatte alles, das gesamte Haus, die Garage, die Einfahrt, voller alter Küchenherde stehen."

Der von damals, nein, diese Geschichte wäre ZU schön, nein, den hat er nicht mehr. Aber Horst entscheidet sich für einen anderen, den er zu einem guten Preis bekommt, weil er ein paar Macken hat, „den hab ich mir dann zuhause selbst wieder schön gemacht." So schön, wie der Ofen auf dem Bergheimer Trödel wahrscheinlich nie war.

Anfangs ist der Ofen zwar toll anzusehen, macht aber heftige Probleme. Ohne Kamin keine Ofenbenutzung, das weiß auch Horst. Nach seiner Meinung müssen dafür aber ein paar Ofenrohre reichen, alles andere kostet viel zu viel. „Ich hab wirklich gedacht: Nagel die Ofenrohre an der Wand fest, führ sie oben aus der Halle raus, und fertig ist der Kamin!" Was dabei rauskommt, sieht er direkt beim ersten Versuch. Weil er nämlich nichts mehr sieht. „Die gesamte Halle war komplett voll von Qualm, der Ofen zog überhaupt nicht!"

Ein belgischer Uralt-Herd hat nun mal mit der üblichen deutschen Ware nichts zu tun, das merkt er jetzt. Nach und nach helfen ihm seine Kumpels, den Herd so umzubauen, dass genug Zug vorhanden ist, damit der Qualm wirklich aus den Ofenrohren nach oben geht. Vorher nebelt er die Bude noch so manches Mal ein. „Ein Wunder, dass da nie die Feuerwehr kam", erinnert sich Horst, „das qualmte ja aus allen Ecken und Enden der Halle raus."

Immerhin dienen die Ofenrohre noch eine ganze Weile als Kaminersatz, bis eines Tages fast die ganze Halle abfackelt, weil mal wieder der Abzug nicht richtig klappt und der Ofen anfängt zu brennen. Seitdem gibt es eine ordentliche Kaminkonstruktion, vorschriftsmäßig, alles abgenommen und bis heute im Einsatz.

Ein Bergheimer Provinztrödelmarkt ist also der Ausgangspunkt für einen der prominentesten Öfen in Deutschland, der mit seinem Platz direkt vor „Tisch 1" des Restaurants in der Oldiethek fest verbunden ist. Andere Lichter-Öfen waren da in der Vergangenheit schon ein wenig mobiler, denn eines Tages erfindet er den „Ofen-to-go" ...

EIN OFEN GEHT AUF REISEN

Der Ofen im Restaurant ist unbestritten der wichtigste Ofen im ganzen Laden. Doch Öfen gibt es hier mehrere, und einer davon duckt sich ein wenig verschämt in eine Ecke. Auf den ersten Blick wird er von einem Matra verdeckt, der als Blickfang dient, wenn man diesen Teil des Ladens betritt. Die Nähe zum Auto mag hier sogar eine gewisse Logik haben, sieht dieses massive Ding doch von vorne aus, als hätte es einen eigenen Kühlergrill! Und noch etwas verbindet diesen Ofen mit Autos: Er hat bereits weite Strecken zurückgelegt und so manche Geschichte miterlebt.

Die schönste beginnt auf einer Bühne in Köln – doch was dieser Ofen damit zu tun hat, stellt sich erst allmählich heraus. Horst Lichter steht auf dieser Bühne als Olympiabotschafter, soll Werbung machen für die Bewerbung der Rhein-Ruhr-Region. Alles ist bereit, der Kölner Oberbürgermeister ist anwesend, einige geladene Olympiasieger vergangener Spiele ebenfalls. Lichter soll mit ihnen ein wenig plaudern, und nur ein Sportler fehlt noch, als ein ihm unbekannter Mensch zufällig auf die Bühne zu kommt. „Ich weiß nicht, warum, aber ich dachte, der wär das ...“ Horst fackelt nicht lange, holt den Mann auf die Bühne, der wehrt sich auch nicht dagegen, die Veranstaltung wird ein voller Erfolg.

Nach dem Auftritt sitzt man beim gemütlichen Essen beisammen, und Horst will nun endlich wissen, in welcher Disziplin sein Gast, an der Mundart unschwer als Schweizer zu erkennen, Olympiasieger war. Seine Leibesfülle scheint dabei der entscheidende Hinweis zu sein.

„Warst du Kugelstoßer, oder wie?"

Mit Schweizer Gelassenheit kommt die Antwort:

„Nein, ich habe mit Sport gar nichts zu tun, wieso??!!"

„Warum bist du dann auf die Bühne gekommen?"

„Na, du hast mich doch raufgerufen!"

Horst Lichter ist baff, Roland Muri, so heißt der Mann, ist ein bekannter Schweizer Künstler, und er hat gar kein schlechtes Gewissen. Doch Horst wäre nicht Horst, wenn ihn diese plötzliche Erkenntnis schrecken würde, und so kommt man ins Gespräch. Muri hat gerade eine Ausstellung mit seinen Werken in Köln und ist in Vorbereitungen für eine weitere Vernissage. Die jedoch findet in New York statt. Das ist weit weg, eine Traumstadt, auch für Horst Lichter. Deswegen nimmt der das erstmal gar nicht ernst, als Muri einen lockeren Spruch von ihm für bare Münze nimmt und ihn fragt, ob er nicht Lust hätte, bei der Vernissage in Manhattan zu kochen. Horst hält das genau so lange für Spaß, bis eines Tages das Chelsea Art Museum sich bei ihm meldet und mit ihm Details seines Auftrittes bei Muris Vernissage klären möchte.

„Hello Mr. Lichter, Mr. Muri told us, that you will join his vernissage."

„WHAT?"

„We will be very glad to see you here and to enjoy your cooking."

„But I ..."

„Could we please talk about some details?"

„If you want to ..."

„Nun hatte ich ja ein echtes Problem – erstens: keine Zeit, zweitens: So eine Geschichte kostet ja ein Schweinegeld ..."

Horst sagt Muri ab, verdrängt die ganze Sache. Allerdings nicht so richtig, denn abends, beim Kochen und Plaudern mit den Gästen in der Oldiethek erwacht auch diese, noch längst nicht abgeschlossene Geschichte wieder zum Leben. Horst erzählt sie ein paar Mal, einfach

weil sie so schön ist und irgendwie jetzt schon zu all den anderen Geschichten im Laden passt.

Und als wenn der Laden es gewollt hätte, sitzt eines Abends eine Familie am Tisch, hört die Geschichte, und das Familienoberhaupt sagt plötzlich:

„Weißte was, Horst, wir bezahlen dir das!"

„Was????"

„Na, du, da nach New York, mit dem Ofen, zum Kochen, und so weiter. Wir bezahlen das."

Es vergeht ein kleiner Moment, bis Horst dämmert, dass diese Gäste es ernst meinen, Geld scheint keine Rolle zu spielen, stattdessen haben sie Spaß daran, ihm diesen Trip zu ermöglichen.

Ganz so einfach ist die Sache dann aber doch nicht. Das Nächste ist: „Das ganze theoretische Zeug abarbeiten ...", denn schon beim Vorhaben, einen Kohleofen in die USA einzuführen, gibt's massive Probleme.

„Du darfst dahin Küchengeräte oder gar Zutaten gar nicht einführen. Die Hygienevorschriften sind heftig." Kochen ohne Ofen ist aber irgendwie schlecht. Was macht Horst? Lässt seinen alten Kohleofen richtig aufmöbeln, hinterher hat er plötzlich eine echte Antiquität. Und als solche darf das Gerät auf einmal doch ins Land der manchmal sehr begrenzten Möglichkeiten. Eine Kiste wird eigens für den Ofen und alle Utensilien, die er für die Aktion braucht, gebaut: Briketts, Anzünder, Ofenrohre ... Diese Kiste darf nicht kaputtgehen, wenn sie fällt, muss aber innerhalb von zwei Minuten zu öffnen sein. Und damit Ungeziefer einen weiträumigen Bogen um das Ganze macht, muss sie aus einem speziell behandelten Holz sein. Gleich rechts neben dem Ausgang im Laden hängt ein kleines Holzschild, auf dem die Zieladresse, Chelsea Art Museum, prangt. Ein extra engagiertes Logistik-Unternehmen bringt alles sicher nach Manhattan und später wieder zurück ins Rheinische. Zum Glück, so Horst, denn „mit meinem Englisch hätt ich das Dingens nie wieder aus'm Zoll bekommen."

„In New York bin ich dann mit meinem Schatz zusammen los, um frische Lebensmittel einzukaufen. Rezept hatte ich keins im Kopf, wir haben einfach gekauft, was der Markt hergab, und ich hab's hinterher komponiert." Freestyle-Cooking à la Lichter, für ihn ohnehin die schönste Art zu kochen. Schließlich ist er startklar, die Vernissage-Gäste von „Olympia-Sieger" Muri zu bekochen. Doch diese Geschichte wäre keine Horst Lichter-Geschichte, wenn es nicht ein weiteres „kleines" Problem gäbe. Der Ofen wird heiß, sehr heiß, das ist Horst klar, und er regt an, die Sprinkleranlage auszuschalten, damit die millionenschweren Kunstwerke nicht plötzlich geduscht werden, weil nebenan zufällig mit Kohle gekocht wird. Dem Wunsch wird entsprochen – und was dann passiert, beschreibt Horst so: „Die machen die Anlage aus, und keine vier Minuten später standen draußen fünf riesige Trucks von der Feuerwehr!"

Doch weder diese Aktion noch die Tatsache, dass für das Ofenrohr erstmal eine Fensterscheibe dran glauben muss, weil die Fenster nicht geöffnet werden dürfen, können verhindern, dass Roland Muri schließlich die gewünschte original rheinische Küche bei seiner New Yorker Ausstellung bekommt. Der Kontakt zu Muri ist bis heute geblieben, hat das Leben Horst Lichters bereichert, und der Ofen in der Ecke der Oldiethek erzählt davon.

EIN KLEINER SCHLENKER: DIE TRAUMOFENWERKSTATT

New York war toll, doch das Hauptkochevent spielt sich natürlich in der Oldiethek ab. Hier brutzeln in der schweren großen Pfanne Fleisch und Zutaten in einer Fülle, dass nouvelle-cuisine-Freunden Hören und Sehen vergeht. Die rustikale Art und Weise zu kochen hat für Lichter jedoch von Beginn an einen Nachteil. Sein Ofen hat im Inneren eine Gusskugel, in der sich die heiße Kohle befindet. Die ist schon bei normaler Benutzung ein Verschleißteil. Horst Lichter stellt allerdings neue Rekorde auf, so schnell, wie er Löcher in die Kugeln brennt, er ist der reinste Gusskugelterminator: „Ich mach den Herd einfach viel zu heiß, weil ich immer wieder nachfeuer und nachfeuer und nachfeuer ...“

Die ständige Quälerei hält keine Kugel lange durch, sein Bedarf an Ersatzteilen ist dementsprechend groß. Nur – jeder Herd ist anders – besorgen lassen sich die Dinger immer schwerer, und es fängt schon an, ihn zu nerven, als Horst mal wieder der Zufall zur Hilfe eilt.

Ein Anruf, der Mann am Telefon macht einen sehr netten Eindruck, sie kommen ins Gespräch. Dieter Klaucke sitzt im westfälischen Hünxe und betreibt eine Firma, die historische Öfen restauriert. Horst sitzt also da mit seinem Traum von einem Ofen

und spricht mit einem Mann, dessen Firma tatsächlich „Traumöfen" heißt. Es ist zu den Zeiten, als er im WDR seine ersten Fernseh-Erfahrungen sammelt, „ich hab gedacht, der gute Mann hat mich bestimmt mal in einer Sendung gesehen". Doch nix da, Klaucke hat gar keinen Fernseher, der bastelt lieber an seinen Öfen rum. Aber seine Mutter hat einen ... „Mama hat gesagt, da gibt's im Fernsehen so einen Verrückten, der kocht auf genau solchen Öfen, wie ihr sie verkauft."

Sie quatschen schließlich über Öfen, bald auch über anderes, und Dieter Klaucke kommt, sogar mit Gattin, nach Rommerskirchen. Kurz: Man freundet sich an. Und begeistert sind sie, als sie Horst Lichters Traumofen sehen. So begeistert, dass er ein spontanes Angebot bekommt: „Horst, wir finden das so schön, dass jemand wirklich auf sowas noch kocht, wir kümmern uns um deinen Ofen." So lautet das schlichte Angebot, außerdem: „Wenn du mal wieder einen kaufen willst, machen wir dir einen guten Preis."

Nie wieder Nachschubprobleme also, und auch noch echte Freunde gefunden! Seit Horst den Laden hat, ergeben sich solche Geschichten scheinbar von ganz alleine. Alle Öfen in seinem Besitz stammen seitdem aus Hünxe, die Hardware der Lichter'schen Kochkunst liegt im tiefsten Westfalen. Wenn Horst von Dieter Klaucke und seiner Frau spricht, merkt man, wie sehr er sie ins Herz geschlossen hat. „Liebenswert kurios sind die, beide, aber das Verrückteste ist ja, dass die da Rollentausch betreiben."

Frau Klaucke ist es nämlich, die an den Herden schraubt, während er dafür sorgt, dass die Traumöfen unters Volk kommen. „Sie kennt jede Schraube an jedem Herd, steht da, vollkommen verschmutzt im Blaumann in der Werkstatt, zerlegt die Dinger und baut komplett neue Küchenherde." Frauen an den Herd mal anders, in Hünxe kann sich auf diese Weise jeder ein Stück Küchenhistorie für daheim zulegen.

„Ich möchte hier gar nicht wieder weg. Am liebsten würd ich mich hier einschließen lassen."

Wie ein Tag Urlaub

Sie kommen aus München, Stuttgart, Berlin oder Kiel, aus dem Rheinland und dem Ruhrgebiet sowieso, aber auch aus dem Ausland. Es ist immer wieder faszinierend, von wo die Menschen nach Rommerskirchen strömen, um die Oldiethek zu besuchen. Es ist nicht nur der Dormagener, Düsseldorfer oder Kölner (aber selbstverständlich AUCH der!), der kurzentschlossen seinen Sonntag-Nachmittag-Kaffee in Horst Lichters Laden verlegt. Hier ist über die Jahre eine Art Wallfahrtsort entstanden. Man bricht daheim

auf, sagt zu den Lieben „Ich bin dann mal weg" und fährt unzählige Kilometer bis nach Butzheim zur Landstraße 31.

Und wie eine Wallfahrt den Pilger körperlich und geistig an einen anderen Ort katapultiert, so auch hier.

„Wir sind Autofans und haben die Motorshow in Essen besucht", erzählt ein Besucher, der mit seinem Sohn im Laden steht, „und wir hatten gehört, dass es in diesem Laden auch historische Autos zu sehen geben soll." Er macht eine andachtsvolle Pause, dann: „Aber das hier ist besser als Motorshow und ein paar Autos. Das ist wie eine Insel der Seligen."

Solche Kommentare sind häufig, man bekommt schnell mit, wie die Leute ihren Besuch hier empfinden. Horst ist über nichts glücklicher als über diesen Umstand: dass Menschen in seinen Laden kommen und das empfinden „wie einen Tag Urlaub" oder „wie eine andere Welt."

Den Autofan und seinen Sohn entführt Horst in eine andere Welt, als er das Tor der Garage im Garten der Oldiethek öffnet. Dort steht nämlich ...

... EIN TRAUM IN GELB!

„Den hab ich in Wuppertal gefunden!" Ungläubiges Staunen bei den Umstehenden, manch einer mag sich gerade fragen, warum er immer nur daheim die liegengelassenen Socken des Partners findet, anstatt einfach mal einen Ferrari in Wuppertal. Denn genau den hat Horst Lichter gefunden. Genauer gesagt: einen Dino, den Ferrari, der lange kein Ferrari sein durfte. Benannt nach Enzo Ferraris 1956 früh verstorbenen Sohn Alfredo, war der Dino in den 60er Jahren für die Ferrari-Führung zu preiswert, um das berühmte Signet mit dem „cavallino rampante" und den Namen Ferrari tragen zu dürfen. Man gründete also eigens für diese Sportwagenreihe eine eigene Marke, eben: Dino. Der Nachfolger des Dino übrigens wurde weltweit als Magnum-Ferrari in der gleichnamigen TV-Serie bekannt: Der Hawaii-Hemd tragende Privatdetektiv Magnum fuhr einen 308 GTS.

Detektivisch war die Suche nach dem Dino in Wuppertal für Horst zwar nicht, spannend war sie dennoch. Ein Freund hatte ihn angerufen, ihm sei ein Dino angeboten worden, er müsse ihn aber nicht unbedingt selbst haben, man könne ja zusammen hinfahren und sich das Auto anschauen: „Wenn du ihn haben willst, bin ich aus der Sache raus."

Horst, der den Dino zu seinen favorisierten Ferraris zählt, „weil er einfach so schööön ist", fährt, trotz eines noch nicht ganz auskurierten Rippenbruches beim Stock-Car-Rennen mit Stefan Raab, mit nach Wuppertal, wo das Auto stehen soll. Allerdings kommen ihm schon bei der Ankunft Zweifel: „Wir sind dahin, bei Eiseskälte, und mussten dann da runter in den Keller. Ich hab die ganze Zeit gedacht: Hier kann doch nirgends ein Auto stehen, wo soll denn hier'n Auto stehen?" Horst steht also bibbernd in einem Wuppertaler Keller, der Mann, der ihn empfangen hat, macht nicht den Eindruck, als wenn ihn irgendwelche Zweifel an der Situation plagten.

„Wo ist jetzt das Auto?"
„Moment, ich räum nur mal kurz was weg."

Er zieht diverse Decken und Planen von einer flachen Erhebung auf dem Kellerboden herunter. Plötzlich kommt etwas Gelbes zum Vorschein.

„Bitteschön! Das ist er."

Horst traut seinen Augen nicht: Vor ihm steht ein Schmuckstück von einem kanariengelben Dino.

„Den nehm ich!"

Kurz bevor die Vernunft sich ganz verabschiedet, vereinbart er jedoch mit dem fremden Mann, das Auto wenigstens einmal in der Werkstatt überprüfen zu lassen, um sich vom einwandfreien Zustand der Technik zu überzeugen. Dabei stellt sich heraus, dass er nur der Bruder des Besitzers ist und diesem erst Bescheid sagen muss. Sein Bruder sei manchmal ein wenig komisch, er habe zwar vor 18 Jahren unbedingt diesen Ferrari haben wollen, ihn dann aber nie richtig gefahren. Die Eltern, ein Ärzteehepaar, hätten halt Kohle gehabt und ihm seinen Wunsch erfüllt. Das Auto sei maximal eine Woche im Jahr gelaufen und dann wieder unter den Decken im Keller versteckt worden. „Inspektionen und alles andere hat er aber."

Horst kann sein Glück kaum fassen, wartet jedoch den Werkstatttermin ab. „Nun steh ich da, warte auf das Auto, da hör ich ein tiefes Brummen und sag zu meinem Kumpel: Et kütt!" Was dann folgt, ist reinster Slapstick: „Die Tür geht

auf, auf einmal kommt da so'n riesiger weißer Turnschuh raus, nicht gerade sauber, Bundfaltenhose dran, dann schält sich ein Jacket aus, ein Typ mit langen, eher ungepflegten Haaren und nicht ein Zahn im Mund. Der hatte panische Angst vor Zahnärzten, hatte sich alle Zähne ziehen und kein Gebiss machen lassen."
Nichtsdestotrotz: Es handelt sich um den Besitzer des Dinos.

„Tach, sin Sie de Lichter?"

Horst ist durch den unerwarteten Anblick leicht aus der Fassung:

„Ähhhh, ja."

Der Zahnlose nuschelt weiter:

„Dat is' dat Auto, den hab ich schon 18 Jahr ..."

Horst verkneift sich einen Kommentar, denkt aber bei sich: „WAS IS' DAS DENN?" Es sieht eben nicht jeder Ferrarifahrer aus, wie man ihn sich vorstellt.

Fassungslos sind als Nächstes die Experten, die den 18 Jahre alten Ferrari prüfen. „Mein Kumpel rief mich an und sagte zu mir: Horst, der Wagen ist technisch neu, wo hast du den denn her?" Trotz seines Alters hat der Sportwagen nur rund 10.000 Kilometer auf dem Tacho, alle Teile sehen aus, als seien sie soeben vom Werk einge-baut worden.

Heute ist der Wagen nach wie vor in einem unglaublich guten, fast ursprünglichen Zustand, alle Bauteile sind noch mal überholt und zum Teil sogar zertifiziert wor-den. Auch die gelbe Farbe ist original, und Horst, der normalerweise für Ferrari das klassische Rot bevorzugt, käme nie auf die Idee, den Wagen anders lackieren zu lassen. Es ist und bleibt eben ein Traum in Gelb ...

„Wer putzt das eigentlich alles? Hier steht ja ein Staubfänger neben dem anderen!"

Ein Baum und ganz viele geile Triebe

„Er fährt traumhaft schön." Man mag diesen Satz Horst Lichters kaum glauben, bedeutet er doch, dass selbst ein solches Schätzchen wie der gelbe Ferrari Dino von ihm benutzt wird. Gefahren wie ein ganz normaler Untersatz mit vier Rädern, aus irgendeiner Karosserieschmiede auf der Welt.

Doch genau das ist es, was Horst für den gesamten Laden beansprucht. Alles muss weiterhin am Leben teilhaben, sonst geht der Sinn der Dinge verloren. Die Lebendigkeit des Ladens und die Lebendigkeit der Dinge garantieren die Existenz der Oldiethek.

Wann immer ein weiterer Gegenstand den Weg in den Laden findet, so wird er nur vordergründig Horst Lichter mitgebracht. In Wirklichkeit wird er sofort dem Laden einverleibt, Horst ist dabei das Herz des Ganzen, das alles antreibt. Ohne ihn würde die Vitalität des Ladens leiden.

Doch da leidet gar nichts, im Gegenteil, alles wächst und wächst, aber nicht wie im Gewächshaus, sondern wild!

Was für ordnungsliebende Menschen schwer zu begreifen ist, Horst hat es zum Oldiethek-Prinzip gemacht: Es gibt keine vorherbestimmte Ordnung der Dinge, auch die Platzierung der Gegenstände im Laden folgt entgegen mancher Vermutung keinem Plan, nicht zuletzt deswegen ändert sie sich auch ständig wieder.

Die Oldiethek ist wie ein Baum, der von seinem Besitzer eines Tages gepflanzt wird, weil er die Sorte so gerne mag. Er sieht ihn wachsen, mag ihn jedoch nicht beschneiden und in die richtigen Bahnen lenken. Denn: Welche sind die richtigen? Schneidet man nicht vielleicht genau das weg, was die schönsten Früchte hervorgebracht hätte? Man kann es nie wissen. „Ich will das auch gar nicht so genau wissen. Ich lasse dem Baum seine natürliche Entwicklung." Jeder neu hinzukommende, noch so absurde Gegenstand ist ein neuer wilder Zweig, lauter „geile Triebe", wie es im Gärtnerjargon heißt, unabhängig davon, dass dieser Begriff mittlerweile ein solides Eigenleben entwickelt hat.

Doch nicht nur die Gegenstände sind geile Triebe, auch die vielen unterschiedlichen Räumlichkeiten, die unter dem Dach der Halle all die Dinge beherbergen. „Das hat sich immer alles so ergeben", beteuert Horst, wohl wissend, dass immer noch genug Raum vorhanden ist, um zusätzliche Erweiterungen vorzunehmen. Aber: Das muss sich entwickeln, entweder wächst ein Trieb, oder dem lebendigen Laden gefällt es, ihn noch eine Weile vor den neugierigen Blicken der Öffentlichkeit zu verstecken.

WO VISITENKARTEN AN DIE
DECKE GENAGELT WERDEN

Ganz von alleine gewachsen ist zum Beispiel auch die Sitte, sich nach dem Essen in der Oldiethek mit dem Anbringen einer Visitenkarte oder einer beschrifteten Serviette zu verewigen. „Ganz am Anfang war ich ja noch stolz auf all die sauberen Balken und Bretter. Das sah ja alles richtig schön aus." Bis dieser Kanadier kam. „Der war hier mit seiner Firma essen, die hatten richtig Spaß und einen super Abend. Plötzlich steht der auf und fragt mich, ob ich mal eben Heftzwecken für ihn hätte." Horst Lichter gibt ihm Heftzwecken, ist aber skeptisch: Was will der damit? Das sieht er einen Moment später, als sich am Balken neben dem Tisch des Kanadiers eine Visitenkarte mit einer Dollarnote darunter befindet, befestigt mit eben jener Heftzwecke.

„Er hat mir das dann gleich erklärt: In Kanada bringt man in einem Restaurant, in dem es einem richtig gut gefallen hat, eine Visitenkarte mit einer Dollarnote an. Und wenn man irgendwann total abgebrannt ist, kann man in diesen Laden zurückkehren und hier seinen letzten Dollar versaufen." Schöne Geschichte, Karte und Dollar bleiben also hängen, und das ist der Anfang vom Ende der jungfräulichen Balken. Heute sind sie über und über bedeckt mit Visitenkarten, und manchmal machen sich Restaurantgäste einen Spaß daraus, eine der Nummern auf den Karten einfach anzurufen und mit dem ehemaligen Oldiethek-Gast am anderen Ende der Leitung eine Runde über Horst Lichter und diesen verrückten Laden zu quatschen.

Einen absoluten Höhepunkt erreicht die Autogrammwut der Gäste, als eines Tages die Glasscheibe eines Bildes im Restaurant plötzlich aus dem Rahmen fällt und das

Bild dahinter gleich mit. Alles halb so wild, denkt Horst und nimmt sich vor, sobald wie möglich das Bild wieder in Ordnung zu bringen. „Da bin ich nur gar nicht zu gekommen. Bevor ich da irgendwas machen konnte, hatten ein paar Gäste längst angefangen, in das leere Bild was reinzuschreiben." Und so füllt sich auch der Rahmen immer mehr und hängt heute vollgeschrieben als ganz eigenes Autogramm-Kunstwerk in einem stillen Eckchen des Restaurants.

RENNFAHRER
IM BUS

Manchmal sieht man Bilder von Häusern, in die ein Auto reingefahren ist. In der Oldiethek ist es gleich ein ganzer Bus, der mitten im Laden steht. Oder, besser gesagt: unter der Decke hängt.

Scheinwerfer, Scheibenwischer, die typische riesige Frontscheibe, alles ist da, was zu einem richtigen Bus gehört. „Ich habe den Bus gekauft und Teil für Teil nach oben geschleppt und hier wieder eingebaut. Danach war ich fest überzeugt davon, so eine Wahnsinns-Aktion nie wieder machen zu wollen."

Was das Auge des Betrachters im Inneren des Busses erblickt, ist ein Traum von einer Autorennbahn, genauer gesagt eine riesige Carreraanlage, vierspurig, sie erstreckt sich fast über die gesamte Länge des Fahrzeuges.

„Ich wollte ja als Kind immer eine Carrerabahn haben", beginnt Horst Lichter die Geschichte der Bahn im Bus, und man ahnt bereits, dass auch hier ein Kindheitstraum auf Umwegen seine Erfüllung gefunden hat.

Die Geschichte fängt jedoch in jeder Beziehung ungemütlich an. Es ist Winter, und Horst ist gerade dabei, einen sehr schmerzhaften Gichtanfall in der Schulter auszukurieren, zum Glück über Weihnachten, wo das Restaurant geschlossen

hat und der Herr des Hauses nicht hinter dem belgischen Ofen stehen muss.

Draußen ist Winterwunderland, also geht er, um auf andere Gedanken zu kommen, viel spazieren. Er durchstreift die nähere Umgebung und kommt auch in den Butzheim nächstgelegenen Ort, Frixheim.

Dort befindet sich, mitten auf dem Land, eine alte Scheune, und Horst weiß, was sich drinnen abspielt: „Ein Kumpel von mir, der reparierte und verkaufte dort Fahrräder, hauptsächlich, aber eben auch Carrerabahnen."

Als Horst die Scheune betritt, ist es da, dieses Oldiethek-Anfangszeit-Wehmuts-Gefühl. „Das war sooo kalt da drin, eiskalt. Der stand da auf diesem Lehmboden, wie ich ihn früher im Laden auch hatte, und es war einfach nur kalt."

Er kauft dem Mann schließlich eine Carrerabahn ab, die heute noch ungeöffnet bei Horst steht und Zeugnis von der guten Tat ablegt. Doch das ist nicht genug, denkt er sich. „Ich war immer noch davon beeindruckt, dass da einer wie ich selbst ganz unten mit seinem Geschäft anfängt. Der war ja glatt gefährdet, da zu erfrieren."

Also geht er am nächsten Tag noch einmal hin und macht seinem Kumpel ein Starthilfe-Angebot. „Der tat mir so Leid, da in seiner schweinekalten Scheune, dass ich ihm unbedingt helfen wollte." Horst bietet ihm an, mitsamt seinen Utensilien in die Räumlichkeiten der Oldiethek umzuziehen. Und garantiert ihm dort einen eigenen Raum, in dem er seine Geschäfte tätigen kann. „Bei mir waren schließlich immer viele Leute, und bei all den Autos und Motorrädern mussten die doch einfach Lust auf Carrerabahnen kriegen."

Gesagt, getan, der Frixheimer Scheunenhandel zieht um in den Butzheimer Oldiethekbus. Doch schon nach kurzer Zeit merkt Horst, dass der Carrerahändler

nicht restlos zufrieden wirkt. „Der verkaufte einfach nicht genug und war nicht wirklich glücklich mit der Situation." Horst Lichter, nie um eine Idee verlegen, macht ihm gleich den nächsten Vorschlag: „Bau mir doch hier in den Bus eine komplette Carrerabahn rein, so 'ne richtig geile! So eine, von der ich schon immer geträumt habe."

Da ist er wieder, der Kindheitstraum. Jetzt kann er endlich wahr werden! Der Kumpel akzeptiert, hat also auf einmal einen Riesenauftrag und baut dem erwachsenen Lichter die traumhafte Autorennbahn, die der junge Horst nie haben konn-

te. Und genau wie der Kauf der ersten Carrerabahn in der Scheune erweist sich auch diese Aktion als eigentlich viel zu spontane Handlung des großen Kindes und nicht minder großen Menschenfreundes Horst Lichter. „Ich hatte doch überhaupt keine Zeit, damit zu fahren, bis heute habe ich nie ein einziges Rennauto auf diesem Kurs bewegt."

Trotzdem liegt die Bahn nicht brach, auf seine Anregung gründet sich nämlich bereits nach kurzer Zeit ein Club von Carrerafreunden, der unter dem Namen „Lichters Racing-Team" bis heute existiert. Horst schlägt den Mitgliedern einen Monatsbeitrag von 10 Euro vor, die setzen das um und machen aus dem Lichter'schen Kindheitstraum nach und nach eine richtig professionelle Carreraanlage. Die ist computergesteuert, mit genau ausgefeilten Rennwagen und hochkonzentrierten Fahrern, für die der Extremmensch Lichter einfach Sympathie entwickeln muss. „Wir haben da Steuerberater, Anwälte, Ärzte und alles mögliche dabei. Aber, wenn du die hier ankommen siehst, zählt nur eins: Alukoffer auf den Tisch, klack, klack, geöffnet, acht bis zwölf Autos da drin und dann wird an der Karosserie rumgefeilt und alles bis ins kleinste Detail eingestellt, dass es ein Wahnsinn ist. Frauen verstehen das gar nicht mehr ..."

TOLLKÜHNE MÄNNER,
WILDE KISTEN

Vieles in Horst Lichters Leben und in der Entwicklung der Oldiethek ist dem Zufall geschuldet. Bei der Carrerabahn darf man da so seine Zweifel haben. Hier scheint zumindest eine innere Logik zu walten, denn alles, was einen starken Motor hat, schnell ist, zwei oder vier Räder hat und Kurven zum Träumen, lässt seit jeher Lichters Herz höher schlagen.

Der Dino ist nur ein Beispiel von vielen, und auch hier zeigt sich der Organismus des Ladens lebhaft und wandelbar. Menschen, die auf älteren Bildern der Einrichtung ein bestimmtes Fahrzeug an einem bestimmten Platz gesehen und sich deswegen auf den Weg gemacht haben, sind vor Enttäuschungen nicht gefeit und haben einiges zu diskutieren.

„Hier stand doch auf dem Foto dieser geile Porsche, wo ist der denn?"
Suchende Blicke des Zuffenhausen-Kutschen-Jüngers.
„Siehste doch, is weg. Der Matra ist aber auch genial."
Verliebte Blicke der Tschechen-Fraktion.
„Weiß nicht, wenn schon, hätte er doch auch einen Alfa hinstellen können."

Hätte er, oder einen Jaguar oder einen Bugatti oder, oder, oder ... Mann kann es nie genau wissen.

Doch nicht nur die fahrbaren Untersätze selbst, auch die tollkühnen Männer, die sie über die berühmtesten Rennpisten der Welt gelenkt haben, spielen im Ensemble des Ladens eine wichtige Rolle. Manchmal merkt man das erst, wenn man ganz genau hinschaut und sich nicht zu sehr von anderen eindrucksvollen Dingen ablenken lässt. Zum Beweis reicht es, noch einmal zu dem gelben Ferrari Dino zurückzukehren, der in der Gartengarage der Oldiethek sein Zuhause hat. Wer seinen Blick ein wenig schweifen lässt, bleibt irgendwann an einem Helm hängen, der scheinbar unscheinbar auf einem Rollwagen liegt.

EIN HELM FÜR 9,90 PFUND

Lichters Leidenschaft für den deutschen Rennfahrer Graf Berghe von Trips ist legendär. Der Graf war gebürtiger Kerpener, in der Nähe von Rommerskirchen großgeworden also, und um 1960 DAS deutsche Rennfahreridol. Seine Siege für Ferrari in der Formel-1-Saison 1961 und sein schrecklicher Tod in Monza kurz vor dem Gewinn der Weltmeisterschaft machten ihn zur lebenden Legende. Bis heute schwärmen Fans von dem unerschrockenen Siegfahrer.

Erkennungszeichen der Fahrer der damaligen Zeit waren die eleganten Rennhelme mit den großen dazugehörigen Brillen.

Der Helm in Horst Lichters Garage hat genau diese Optik, und wer an ein nachgemachtes Exemplar denkt, liegt weit daneben. „Dieser Helm ist exakt das gleiche Modell, das Graf Berghe von Trips bei den Rennen trug, doch nicht nur das ...".

Horst erzählt von einem älteren Herrn, der die Oldiethek besuchte und ihm diesen Helm zum Kauf anbot, „nicht teuer, zu einem quasi symbolischen Preis".

„Ich möchte den Helm gerne in guten Händen wissen."

„Warum denn ausgerechnet bei mir? Hat der Helm denn was Besonderes?"

„Er muss zu Ihnen in die Sammlung, weil Sie doch den Grafen Berghe so sehr verehren."

Der ältere Herr stellt sich in diesem Moment als ehemaliger Rennfahrer vor, der gemeinsam mit dem Kerpener Grafen seine Rennen gefahren war. Doch nicht nur die Rennen absolvierten beide gemeinsam, sie gingen auch zusammen zum „Helmet-Shopping" nach London.

„Diesen Helm habe ich im Jahre 1961 gekauft, gemeinsam mit Wolfgang Berghe von Trips in einem Londoner Kaufhaus. Ich weiß das so genau, weil es doch Wolfgangs Todesjahr ist. Beide Helme haben damals 9,90 £ gekostet."

Dass dieser Graf-Berghe-Gedenk-Helm irgendwann, ungefähr vierzig Jahre später, seinen Weg in die Geschichtensammlung der Oldiethek finden sollte, ist kaum zu

glauben und doch so logisch. Denn wo wäre ein passenderer Ort für dieses Erin-
nerungsstück als hier, wo seine Aura voll zur Geltung kommen kann? Wo, wenn
nicht hier, wo ohnehin der Ort ist für all die Erinnerungen an Graf Berghe von Trips,
Lichters erklärtes Rennfahreridol?

Quartzo

Q4154
FERRARI DINO 156
ITALIAN GP 1961
WOLFGANG VON TRIPS

model: with the approval of Ferrari

DER GRAF
UND SEIN FERRARI

„Der Graf", wie er von seinen bis heute zahlreichen Fans nur genannt wird, ist in der Oldiethek allgegenwärtig, nicht nur der Helm seines ehemaligen Kompagnons legt Zeugnis von Horst Lichters Verehrung für diesen großen Rennfahrer ab. Diese begann bereits in ganz frühen Jahren und bietet Stoff für eine genauso rührende wie lustige Geschichte, denn für den jungen Horst muss das eine geradezu blinde Heldenverehrung gewesen sein.

Die beginnt, als ein Schulfreund ihm ein gebrauchtes Modellauto schenkt. Als er es umdreht, steht darunter: „Wolfgang Graf Berghe von Trips, Ferrari, Typ 156". Natürlich ist der Wagen rot, die Nummer 4 prangt groß darauf. Der Grundstein für eine lebenslange Liebe ist gelegt: „Von da an gehörte das für mich zusammen: der Graf und Ferrari."

Horst bewacht das Modellauto künftig wie ein Luchs, die Kronjuwelen sind nichts dagegen. „Das hab ich immer richtig beschützt, ich wär auch nie auf die Idee gekommen, damit im Sandkasten zu spielen."

Zu dem Auto gesellen sich schnell alte Zeitungsberichte, die Horst sich besorgt oder schenken lässt. Besonders an einen Artikel aus einer Motorsportzeitung kann er sich erinnern: „Das muss eine Ausgabe von 1960 gewesen sein, da wurde der Graf gefeiert und war auch abgebildet. Ein Typ, den du selbst als Mann einfach nur toll finden kannst: gut aussehend, adlig, erfolgreicher Rennfahrer."

Und er wohnt in der Nähe. Glaubt Horst jedenfalls, weil in den Artikeln immer die Rede vom Grafen Berghe von Trips aus Bergheim die Rede ist. Bergheim, wo Horst seine Lehre macht, wo er sogar einen Kumpel hat, dessen Vater mit dem Grafen Rennen gefahren ist.

Horst ist derart in seiner Heldenverehrung gefangen, dass er gar nicht auf die Idee kommt, mal zu schauen, was der Graf denn aktuell gerade so macht. Er guckt jahrelang nicht, verliert über Lehre, Mädels, Mopeds die Trips-Verehrung auch ein wenig aus dem Blick, aber nicht aus dem Herzen.

Und irgendwann, er ist 17 oder 18, sagt ihm sein Herz, es sei an der Zeit, die über Jahre gepflegte Liebe mal konkret werden zu lassen. Er will einfach hinfahren, sein

großes Idol besuchen, schließlich wohnt der Held der Kindheitstage doch in der Nähe. Also macht Horst sich auf nach Horrem, dem Wohnsitz des Grafen. Er fragt auch vorher seinen Kumpel, den mit dem Rennfahrer-Vater, nicht, sondern gurkt, schon damals typisch Lichter, einfach drauf los und ist unendlich gespannt, was ihn da erwartet. In Horrem angekommen, fragt er nach dem Weg zum Grafen und wird in Richtung Burg Hemmersbach geschickt. „Ich hatte richtig Herzklopfen, dachte nur, was das für ein Wahnsinn ist, dass ich gleich meinem Idol gegenüberstehen werde." Andere Gedanken haben gar keinen Platz in seinem Kopf. Bei der Burg angekommen, will er die letzte Hürde nehmen, fragt nach, wo er den Grafen findet. Der Mann, der ihm Auskunft gibt, muss ihn für einen Bekloppten halten, sagt aber nur milde: „Wie, Jung, du willst den besuchen ... Der is' doch schon lang tot ..."

Isnichwahr. Horst ist ziemlich bedröppelt, fährt mit seinem Moped zurück nach Hause und fängt an, nachzuforschen: „Da hab ich erst kapiert, dass der Graf schon tödlich verunglückt war, bevor ich überhaupt auf die Welt gekommen bin! Monza war ein halbes Jahr vor meiner Geburt ..."

Liebe macht halt blind, Horst sogar manchmal noch ein wenig blinder. Sein Interesse ist jetzt allerdings erst recht geweckt, er liest alles Erreichbare, wird ein immer größerer Fan und Experte. Schließlich wird er sogar in die Scuderia Colonia aufgenommen, eine Kölner Rennfahrervereinigung, die von Wolfgang Graf Berghe von Trips höchstpersönlich gegründet worden war. Der gehört er bis heute an – und es gehört zu seinen höchsten Ehren.

Ganze Bilderserien zeigen heute in der Oldiethek Stationen aus Berghes Leben, und nicht zuletzt der über die Jahre immer enger gewordene Kontakt zu Elfriede

Floßdorf hat Horst Lichters Bewunderung für den berühmten Fahrer noch größer werden lassen. Diese freundliche ältere Dame besuchte irgendwann die Oldiethek, ohne dass Horst von ihrer Vergangenheit etwas wusste.

Irgendwann jedoch sprach sie ihn an:

„Guten Tag Herr Lichter, man hat mir gesagt, ich müsste unbedingt mal Ihren Laden besuchen."

„Das ist schön, Verehrteste."

„Na ja, ich wusste ja anfangs gar nicht so recht, warum ich hier herfahren sollte."

„Ich hoffe, es gefällt Ihnen trotzdem ..."

„Das tut es, und seit ich hier bin, weiß ich auch, warum ich kommen musste."

„Ich bin gespannt, es zu hören, gnädige Frau."

„Nun ja, mein Name ist Floßdorf, und ich bin die Privatsekretärin des Grafen Berghe von Trips."

Bis heute ist Elfriede Floßdorf, die ebenfalls Mitglied der Scuderia Colonia ist, eine gute Freundin für Horst Lichter und hat die gefühlte Verbindung zum Grafen nur noch enger werden lassen. Und sie weiß, was sie an ihm hat: „Der Horst ist ja schon mal ein bisschen spinnert, aber vor allem ist er ein ganz Lieber. Er fühlt sich in seinem Laden eben wohl, auch, wenn man sich ja wundern muss, wie er da noch den Überblick behält."

Jahrelang hat Elfriede Floßdorf in der Oldiethek ihren Stammplatz an Tisch 2, nahe an Lichters Ofen. Und jahrelang versorgt sie den Schokoliebhaber mit seinem wichtigsten Treibstoff: Unmengen an Nougat. „Noch heute bringe ich ihm Nougat und Kuchen mit, wenn ich nach Rommerskirchen fahre. Mein kleiner Koch Horst liebt das!"

„Mein kleiner Koch Horst" nennt sie ihn schon mal liebevoll; er revanchiert sich dann gerne damit, dass er sie zu seiner „Traumfrau" ernennt. Seine Lebensgefährtin Nada nimmt's gelassen, hat sie doch selbst eine innige Beziehung zu der alten Dame.

„Gigantisch. Einzigartig. Ich glaub, ich bin im Paradies. Hoffentlich bleibt das alles mal erhalten!"

Ein Ort zum Pilgern

An Wochenenden ist die Oldiethek grundsätzlich geöffnet, Horst Lichters Lebensge-fährtin Nada hat leckere Torten gebacken, der Kaffee dampft, die Leute strömen, um ihren Nachmittagskaffee zwischen Autos, Schreibmaschinen, Büchern und anderen Schätzen zu schlürfen.

Wenn Horst daheim ist – und so richtig daheim ist er eigentlich nur hier – setzt er sich schon mal gemütlich in einen der Sessel oder auf einen der vielen unterschiedlichen Stühle, die hier stehen, und ist für sein Publikum da. „Der Horst" ist einer zum Anfassen, das hat er immer so gehalten, und er sieht auch in Zeiten gewachsener Popularität keinen Grund, das zu ändern. Er ist das, was viele verzweifelt zu sein versuchen: au-thentisch, bodenständig, immer noch „unser Horscht" von nebenan. Man merkt das auch am Verhalten der Besucher, für die neben diesem unglaublichen Laden vor allem auch Horst Lichter selbst die große Attraktion ist.

Zwar wird er nicht müde zu betonen, dass es vor allem der Laden sei, der die Leute an-ziehe, denn „die kommen ja auch, wenn ich gar nicht da bin, die wissen ja gar nicht, ob ich überhaupt da bin." Und doch kann wohl keiner leugnen, dass derjenige, der sich zum ersten Mal auf den Weg zur Oldiethek macht, immer auch ein klein wenig die Hoffnung hegt, dem Meister höchstpersönlich zu begegnen.

Und auf den Weg machen sie sich aus allen Ecken der Republik: „*Deutschland, einig Lichterland*"! So kann es im Gespräch mit Horst durchaus passieren, dass auf einmal zwei freundliche Damen neben ihm stehen und ihn um seinen Schriftzug in eines sei-ner Kochbücher bitten, eine Bitte, der er immer noch mit der gleichen Herzlichkeit nachkommt wie beim allerersten Mal.

Doch Horst signiert nicht nur und wendet sich dann wieder ab, er wendet sich zu, plaudert mit den Damen, flirtet. Und dann stellt sich heraus, dass die beiden extra aus München angereist sind, um endlich einmal die Oldiethek zu besichtigen, das Reich des Mannes, dessen Sendungen im Fernsehen sie nie verpassen, wie eine der beiden betont: „Ich hab mir extra einen Videorecorder gekauft, damit ich alles aufnehmen kann und bloß nichts versäume." Es sind diese Momente, in denen Horst spürt, dass er die Kraft, die die Oldiethek ihm nach all den früheren Schwierigkeiten verliehen hat, jetzt weitergibt, dass er und sein Projekt, seine Art, Lust am Leben auszustrahlen, den Menschen Orientierung geben.

Für einen wie ihn, für den „Menschen" eines der wichtigsten Worte im Leben ist, muss das gigantisch sein – und die Tatsache, dass sich all diese *Menschen* irgendwann in seinem Laden einfinden, ist gleich noch mal gigantischer, denn nur dadurch lebt der

Laden in der Art und Weise, wie Horst es sich immer gewünscht hat. Zwar wollen die Menschen den Herrn des Hauses sehen, doch alle sind sie irgendwann gefangengenommen von diesem unglaublichen Haus der unzähligen Dinge und der damit verbundenen Geschichten.

Die Oldiethek ist ein Ort des Innehaltens und der Andacht, so überwältigend ist für viele diese Anhäufung von Geschichten. Und wo könnte man besser Andacht halten als auf Kirchenbänken ...

BANKRAUB AUF ROMMERSKIRCHENER ART

Das Mobiliar der Oldiethek ist Legende, kein Stuhl passt zum anderen, jede Sitzgelegenheit hat eine andere Herkunft und bietet unterschiedlichen Komfort. Einiges zieht sich aber trotzdem quer durch den ganzen Laden, wie etwa die langen Holzbänke, die sich an verschiedenen Tischen befinden und deren ursprüngliche Funktion man erst auf den zweiten oder dritten Blick bemerkt. Der Besucher sitzt hier auf alten Kirchenbänken!

Und zwar nicht auf irgendwelchen Kirchenbänken, sondern auf original Rommerskirchener Kirchenbänken. Aber wie kommt ein weltlicher Pilgerort wie die Oldiethek an echte Kirchenbänke?

Aus Horst Lichters Munde klingt das dann wieder ganz einfach und selbstverständlich: „Der Pastor rief mich eines Tages an …"

„Horst, du sammelst doch alles Mögliche, ich hätte da was richtig Feines für dich!"

„Ja, was denn?"

„Willst du nicht unsere Kirchenbänke haben?"

„Ihr verkauft eure Kirchenbänke?"

Hörbares Schmunzeln auf der Gegenseite.

„Ja, aber keine Sorge, wir bekommen neue ..."

Der Gemeinde waren kurz vorher neue Bänke aus Holland angeboten worden, nun mussten die altgedienten Sitzmöbel weichen und standen kurz vor dem Schicksal des Zersägt- und Verfeuertwerdens. Wenn, ja, wenn da nicht der Horst mit seinem Laden wäre ... Die Idee des Pastors ist goldrichtig, dieses Angebot kann er unmöglich ablehnen, das ist Horst sofort klar, auch wenn er, wie so oft, noch gar keine genaue Vorstellung davon hat, was er hinterher mit den Dingern machen will.

Seine Neugierde und die ungewisse Ahnung, hier etwas Wichtiges für die Nachwelt retten zu können, siegt und lässt ihn mit dem Pastor eine Abmachung treffen, wann und wie er die Bänke holen kann: „Der Küster kriegte vom Pastor Bescheid, dass ich kommen würde und alles raushole – damit war das erstmal organisiert." Gesagt – getan. Damit beginnt die Geschichte, welche die Zeitungsschlagzeile haben könnte: „Bei Nacht und Nebel die Kirche ausgeräumt!"

Abends nimmt Horst zwei Kumpels in einem Bus mit, sie fahren zur Kirche; es ist bereits dunkel, als sie dort ankommen. Raus aus dem Bus, rein in die Kirche und mit dem Abmontieren der Bänke begonnen. Die Absurdität dessen, was sie da gerade tun, kommt ihm bei der Demontage der dritten Bank auf einmal ins Bewusstsein: „Als wir diese Bank abbauten, dachte ich plötzlich darüber nach, was wir da eigentlich gerade machen: im Dunkeln in die Kirche schleichen und einfach die Bänke klauen ... Ich hab zu meinem Kumpel gesagt: Pass auf, ich bin mal gespannt, wann der erste Nachbar die Polizei ruft, weil wir hier die Kirchenbänke klauen!"

Nun, Horst kennt seine Rommerskirchener, er hat den Satz kaum zu Ende gesprochen, da jaulen draußen die Martinshörner und vor der Kirche fahren gleich zwei Streifenwagen vor. Die Beamten sind darauf vorbereitet, es mit gefährlichen Kirchenräubern zu tun zu haben. Und tatsächlich müssen sie erst den Pastor herbeizitieren, um die Situation aufzuklären, sonst wäre der Fall noch als ein ganz spezieller Rommerskirchener Bankraub in die Stadtgeschichte eingegangen.

Heute also stehen die Bänke in der Oldiethek und sind für Horst aufs Engste mit seiner Geschichte verwoben. „Da hab ich schon als Kleinkind drauf gesessen, als Messdiener. Ich hab drauf gesessen, als ich das erste Mal geheiratet habe, diese Bänke sind Teil meiner persönlichen Geschichte und meiner Erinnerungen, Teil meines Lebens und Teil Rommerskirchens. Nie hätten die verfeuert werden dürfen!"

Eine Kleinigkeit hat er allerdings doch geändert: Die Kniebänke, die hinten montiert sind und auf denen die Gläubigen beim Gebet knien, hat er abmontiert: „Die hätten ja hier sonst nie reingepasst ...“

Heute also dienen die Bänke den Oldiethek-Pilgern zum Verharren, wenn sie von der Atmosphäre erstmal erschlagen sind und sich mit Kuchen und Kaffee stärken müssen.

Doch nicht nur das Pilgern der Oldiethek-Gemeinde nach Rommerskirchen hat etwas Sakrales, auch Horst Lichters Einstellung zum Erfolg und zur Bekanntheit, die er nicht zuletzt dem Laden zu verdanken hat, sind von einem ähnlichen Gefühl beseelt. Er selbst illustriert das, indem er einen Vergleich zum frühen Michael Schumacher zieht, den Horst, der Rennsportfan, bis heute tief verehrt. Er könne sich, erzählt er, an ein Interview mit dem mehrfachen Formel-1-Weltmeister erinnern, als dieser seine unglaubliche Karriere gerade erst gestartet hatte.

Damals ist Schumi von einem Reporter eines Motorsport-Fachblattes gefragt worden, ob es ihn nicht störe, dass die Stars der Branche wie etwa ein Ayrton Senna Millionen verdienen, während seine, Schumachers, Einkünfte deutlich darunter lägen. Und was antwortet Schumi darauf?

„Da hat der Michael etwas gesagt, was ich nie vergessen habe: Er hat den Reporter gefragt, ob der das ernst meine. Schließlich gehe er hier seinem Hobby nach, verdiene dafür ein Vielfaches vom normalen Arbeitnehmer und habe noch Spaß dabei. Da könne er sich ja wohl nicht noch beschweren ...“ Horst ist tief beeindruckt.

Und dann nennt Horst das Wort, das er mit dieser Einstellung verbindet und welches er auch für sich selbst in Anspruch nimmt: Demut. Demut müsse man haben im Leben, niemals vergessen, wo man herkommt, wer einem auf dem Weg zum Erfolg geholfen hat und dass alles auch schnell wieder vorbei sein könne. Was Horst vor allem imponiert hat, ist, dass Schumacher diese Einstellung bereits als junger Fahrer an den Tag legte. Denn schließlich sagt er ja auch von sich selbst: „Wenn ich den Erfolg, den ich heute habe, als junger Mann gehabt hätte, wäre ich vielleicht zum Arschloch geworden."

Zack! Selbsterkenntnis frei Haus! Horst Lichter nimmt wie immer kein Blatt vor den Mund und schont bei solchen Sprüchen niemanden, am wenigsten sich selbst. Er genießt das Ansehen und den bescheidenen materiellen Wohlstand, den er sich

mit Koch- und Lebenskunst erworben hat, doch er käme nie auf die Idee, dass ihn all das über seine Mitmenschen erhebt und zu „was Besserem" macht.

Die Menschen spüren das, wenn sie vor dem Fernseher sitzen, ihn bei Kerner oder „Lafer! Lichter! Lecker!" kochen sehen, wenn sie ihn mit seiner Kabarett-Show auf der Bühne erleben. Und ganz besonders spüren sie es,

wenn sie ihn in seinem natürlichen Biotop erleben, in seinem Laden. Er ist hier das
Tüpfelchen auf dem I und für manch einen Pilger wohl auch die letzte Hoffnung,
wenn man solche Fragen hört: „Horst, ich hab die Schnauze voll vonner nouvelle cu-
isine und der Molekularküche. Wann machste endlich deine Küche wieder auf!?"
Horst Lichters bodenständige Art zu kochen gehört natürlich zum Mythos dazu.
Nach wie vor kokettiert er gerne damit, der einzige Fernseh-Koch zu sein, der nicht
Sterne-dekoriert ist und dem Gast übersichtliche Portionen modernsten Zuschnitts
auf die Designer-Teller legt. Bei Horst gibt es ja bekanntermaßen „lecker" – und
immer genug, um satt zu werden. Er ist gewissermaßen ein Dinosaurier unter
all den Fortschrittsgläubigen – und vielleicht ist es deshalb nur folgerichtig, dass
er einst so fasziniert von den Dino-Bildern war …

KUCHEN AM FRISIERTISCH

In der Oldiethek stehen unglaublich viele Dinge: kleine, mittlere und große. Und meistens kamen die Dinge zu Horst Lichter – entweder, weil er sie irgendwo entdeckte, wo er sich ohnehin gerade befand, oder weil die Menschen ihm die Dinge nach Rommerskirchen brachten.

Bisweilen jedoch muss auch ein Horst Lichter erst zu seinem Glück gezwungen werden, weil er sich von einem bestimmten Gegenstand schlicht und ergreifend nicht vorstellen kann, dass er in den Laden passen könnte.

Eine der schönsten Geschichten, bei der ihm das passiert ist, beginnt (wie sollte es anders sein?) in der Oldiethek, und zwar auf einer Hochzeitsfeier, die ein Pärchen aus der Gegend dorthin verlegt hat. Horst kocht, alle sind zufrieden, besonders Braut und Bräutigam, man geht gesättigt und glücklich nach Hause, und alles könnte damit vorbei sein.

Wochen später jedoch erreicht Horst ein Anruf. Am Apparat: der Bräutigam der wenige Wochen zuvor gefeierten Hochzeit. Er macht Horst einen Vorschlag, der bei diesem zunächst eher für ein Stirnrunzeln sorgt.

„Meine Frau übernimmt demnächst den Frisiersalon ihrer Mutter."

„Und was hab ich damit zu tun?"

Seine Gattin, so erzählt der frischgebackene Ehemann, plane mit dem Generationswechsel eine grundlegende Renovierung und Generalüberholung des ganzen Geschäftes. Alte Zöpfe ab und frischer Wind in die Bude.

„Die bisherige Einrichtung muss weg. Konkret: Horst, willst du nicht den alten Friseursalon für deinen Laden haben?"

Horst ist baff, er bekommt viele ungewöhnliche Dinge angeboten, ist selten abgeneigt, aber gleich ein ganzer Friseursalon? Er kann es sich einfach nicht vorstellen, den haben zu wollen. Zumal er die gängigen Salons der Gegend vor Augen hat und um deren Hässlichkeit weiß. „Ganz ehrlich", sagt er noch heute, „ich konnt mir überhaupt nix unter dem Angebot vorstellen. Was ich kannte, waren so 70er-Jahre Friseursalons, da bin ich schon als Kind nicht gerne reingegangen, weil die immer doof aussahen ... Also hab ich erst mal vorsichtig gesagt, keine Ahnung, ich hab noch nie über'n Friseursalon nachgedacht."

Das Gespräch ist beendet, Horst verdrängt das Angebot fürs Erste und kümmert

sich um andere Sachen. Womit er nicht gerechnet hat, war die Zähigkeit der frisch getrauten Eheleute. Ein zweiter Anruf folgt, nochmal ist der Bräutigam dran, versucht, ihm den Salon schmackhaft zu machen. Und Horst lässt sich langsam weichkochen, fragt immerhin schon mal nach, wo denn der Salon überhaupt stehe, stellt in Aussicht, dass er ihn sich dann ja mal anschauen könnte, so bei Gelegenheit. Dann legt er auf. Und vergisst den Salon wieder.

Bis, man ahnt es schon, zum dritten Mal das Telefon klingelt, gleich am nächsten

Tag. Horst erkennt, dass er so einfach aus der Sache nicht rauskommt, ist auch leicht genervt, will aber nun alles zum endgültigen Abschluss bringen. Also ruft er einen Kumpel an, sagt: „Lass uns da hinfahren, das Ding angucken. Ist wahrscheinlich eh

Schrott, dann kann ich gleich vor Ort sagen, will ich nicht, ist nix für mich, und das Thema ist durch."

Der Kumpel kommt, beide fahren ein paar Orte weiter, wo sich der ominöse Friseursalon befindet. Was dann passiert, beschrcibt Horst so: „Wir kommen da hin, betreten einen kleinen Dorfplatz, am Rande liegt der Friseursalon. Ich trete in den Laden und denke sofort: Boah, lieber Gott, danke, dass ich heute hier hingefahren bin! Der Salon war ja sooooo schön!"

Horst ändert spontan seine Meinung über Friseursalons

im Allgemeinen und über diesen hier im Speziellen und organisiert den Abbau und Abtransport des kompletten Salons. Eine gute Tat, wie er heute weiß, denn „die hätten das ganze Ding komplett auf dem Müll geschmissen. Wenn der nicht bei mir gelandet wäre, hätten die alles verschrotten lassen, eine echte Katastrophe."

Und von wegen 70er-Jahre: Von 1949 ist die Einrichtung. „Damals war dieser Salon das Modernste und Fortschrittlichste, was die Innung in der ganzen Region zu bieten hatte."

Die Großmutter der heutigen Inhaberin hatte alles neu gekauft und das unveränderte Interieur später an ihre Tochter weitergegeben, bis nun schließlich in der dritten Generation der radikale Wechsel anstand. Warum die Familie die Einrichtung so lange behalten hat, erklärt Horst ganz leicht mit dem typischen Denken in der Provinz: „Wenn die sich zu früh was Neues anschaffen, heißt es, die haben zu viel Geld mit unseren Haaren verdient, pflegen sie die Einrichtung lange Zeit, ist alles gut. Behalten sie sie aber zu lange, wird sofort getuschelt, es sei nicht mal genug Geld da, um in das Geschäft zu investieren."

Heute zählt der Salon zu den Prunkstücken der Oldiethek. Was kaum einer weiß und auf Anhieb merkt: Er ist an verschiedenen Stellen im Laden verbaut, beschränkt sich nicht auf die deutlich sichtbare Stelle auf der Galerie über dem Bistroteil der Oldiethek. Dort allerdings, über die gesamte Breite der Galerie gezogen, ist er am augenfälligsten, eine komplette Reihe mit Frisiertischen, Waschbecken, Stühlen und Zubehör.

Horst ist immer noch merklich begeistert von diesem beinahe verpassten Glanzstück. „Früher haben die Leute dort die Haare machen lassen, heute sitzen die

Menschen hier bei mir an den Frisiertischen und essen ihren Kuchen. Die Dinge sind so unterschiedlich, wie sie nur sein können, aber: Sie passen alle zu diesem Laden ..."

Und wenn man sich das Ganze ein wenig genauer überlegt: Was könnte besser in die Oldiethek passen als ein Frisiersalon? Hier wie dort steht die Kommunikation im Mittelpunkt. Beim Friseur werden klassischerweise Gerüchte, Geschichten, Witziges und Trauriges ausgetauscht, und Menschen kommen ins Gespräch, es ist ständig Leben in der Bude. Genau – nichts anderes ist Horst Lichters Idealvorstellung vom Laden!

Weitere Teile des alten Salons befinden sich an den unterschiedlichsten Stellen der Oldiethek, der Glasschrank beispielsweise, der im Bistro die Gläser und Kaffeebecher beherbergt, stammt von dort, genauso wie eine Vitrine mit diversen Modellautos. Der ganze Friseursalon ist organisch im Laden aufgegangen, Bestandteil desselben geworden und gehört heute hierher und nirgendwo anders hin. Was Horst allerdings auch den alten Besitzern klarmachen musste, als diese Jahre später einen halbherzigen Versuch starteten, die alte Einrichtung wiederzubekommen. „Dieser Friseursalon in Düsseldorf oder in Hamburg als Szene-Lokal verbaut, das wäre DER Knaller schlechthin." Horst muss schmunzeln bei dem Gedanken, weiß er doch, dass er genau das nie zulassen wird, weil es dem Oldiethek-Baum einen ganz wichtigen, wild gewachsenen Trieb abbrechen würde.

Stattdessen lässt er ihm immer noch wieder neue Triebe wachsen. Und die sind manchmal ganz schön gewaltig.

DER KAFFEEKANNEN-WAHNSINN

Was für eine echte Ministerpräsidentin richtig ist, kann für einen Horst Lichter nicht verkehrt sein. Wer die Kaffeekannensammlung in der Oldiethek anschaut, denkt unvermittelt an Heide Simonis, Ex-Polit-Frontfrau in Schleswig-Holstein, bekannt für ausgefallene Hüte und ... ihre Schwäche für Kaffeekannen.

Während Simonis jedoch gezielt auf Trödelmärkten und in Antiquitätengeschäften nach neuen Stücken für ihre Sammlung sucht, ist die unfassbare Zahl von Kannen in der Oldiethek natürlich genauso chaotisch entstanden wie alles andere im Laden auch.

„Am Anfang hatte ich vielleicht sieben oder acht Kannen, ich fand die halt einfach hübsch." Dann kommen frühe Fernseh-Zeiten, die WDR-Auftritte beginnen, mittlerweile hat Horst ein paar Kannen mehr angesammelt, „so zwanzig bis dreißig Kannen mögen's schon gewesen sein."

Fernsehköche gab's auch damals schon mehrere, und normalerweise hatten diese alles, was an Flüssigkeiten gebraucht wurde, in schicken Glaskaraffen parat stehen. Edel as edel can, aber Horst ist auch hier ganz basic: „Ich hatte aber keine Karaffen, ich hatte nur Kaffeekannen. Also hab ich meine Kannen benutzt und zu jeder davon immer die passende Geschichte erzählt, bei der Anzahl damals ging das noch." Der

Zuschauer erfährt also jeweils, warum diese und jene Kanne genau für Sahne oder

für Sauce oder sonstwas perfekt ist. Und vor allem gewinnt er den Eindruck, Horst

müsse der größte Kaffeekannenfan diesseits und jenseits des Rheins sein.

Statt dreißig Kannen hat er bald hunderte, Menschen kommen zuhauf und schen-

ken ihm eine nach der anderen, er kann sich gar nicht dagegen wehren. Will er aber

auch nicht, schließlich zeigt es ihm, dass all diese Menschen seinen Laden verstan-

den haben.

Irgendwann zählt er dann auch mal, unfassbare 1.400 Stück stehen schließlich auf

dem Inventurzettel, „meine Damen im Laden und mein Schatz wurden langsam

ungehalten, weil die ja alle von Hand gespült werden müssen, mit Spülmaschine

geht da gar nix."

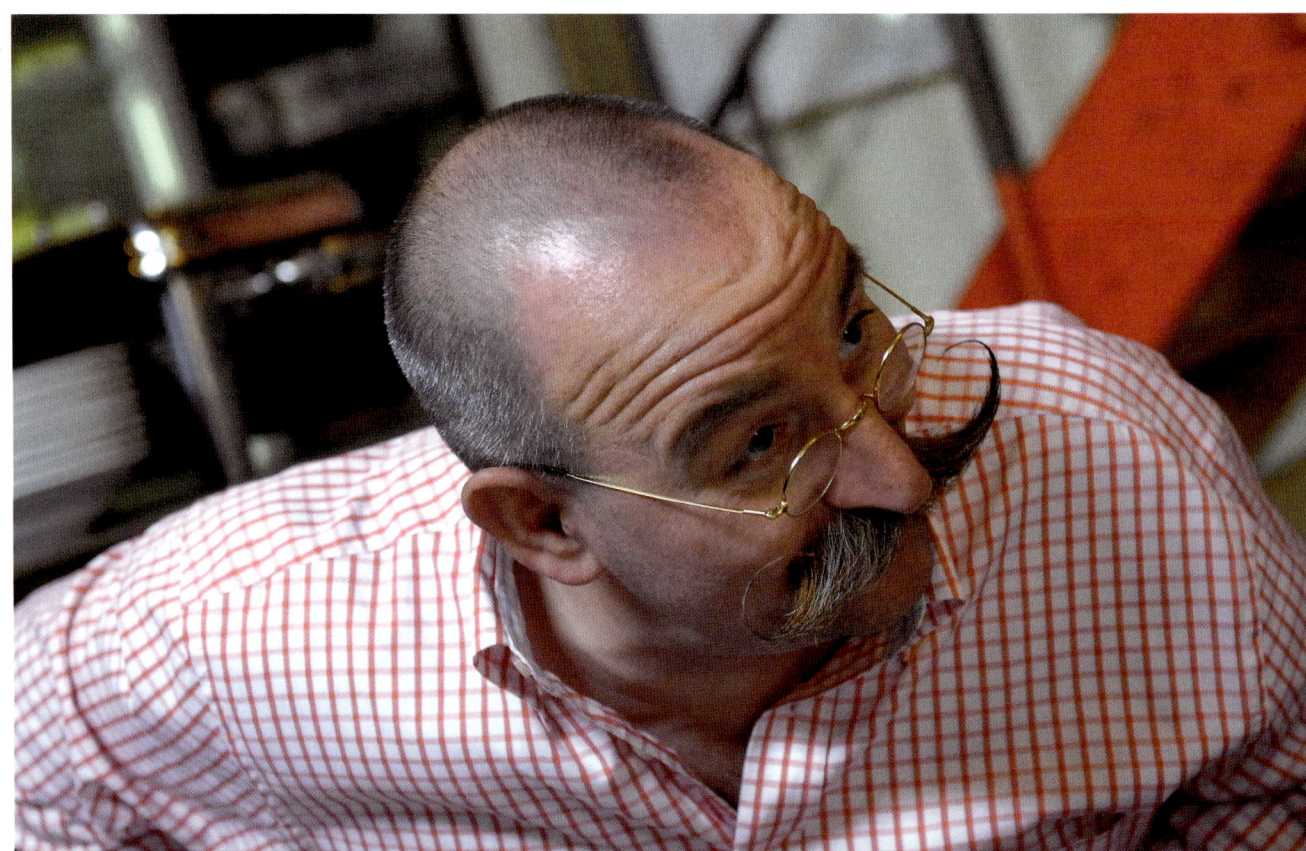

Schließlich bekommt er mal wieder einen Anruf, auch, wenn ihm dieses Mal keiner einen Frisiersalon überlassen will: „Ältere Dame, sehr liebe Stimme, sehr nett." Und was sagt die liebe Stimme?

„Herr Lichter, ich würde Ihnen gerne meine Kaffeekannensammlung verkaufen!"

Horst denkt an anderthalbtausend Kannen im Laden.

„Liebe, gnädige Frau, das ist ja lieb, dass Sie da an mich gedacht haben, aber so'n Mädchen bin ich nu' auch wieder nicht, dass ich zu den 1.400, die da schon stehen, unbedingt noch mehr haben muss."

Das „Mädchen" überhört die gnädige Frau geflissentlich und bleibt hartnäckig.

„Die Sammlung ist mein Lebenswerk, die Kannen kommen von überall aus der Welt."

Man könnte meinen, der Anruf käme aus Kiel und am anderen Ende wäre Heide Simonis.

„Wie viele Kannen sind das denn?"

„864."

Horst glaubt, er hört nicht richtig. Soll er wirklich locker die 2.000-Kannen-Grenze knacken? Er zögert. „Ich hab Platzprobleme geschildert, sie drauf hingewiesen, dass ich ja eigentlich keine Kaffeekannen ankaufe, sondern nur geschenkt bekomme, dass das bei über 800 Kannen ja auch ziemlich teuer sei. Aber die Dame gab nicht auf."

Sie schickt ihm Zeitungsartikel, sie mit ihrer Kaffeekannensammlung, alle haben drüber berichtet, da muss er doch einfach weich werden.

Und so langsam schafft sie es, aus Lichter einen weichgekochten Fernsehkoch zu machen, sein Widerstand bröckelt, der Charme der Dame und des unglaublichen Angebots nagt an ihm. Sie ruft wieder an, das Gespräch geht hin und her, Horst traut sich auch nicht zu verhandeln, das käme ihm ungehörig vor. Schließlich setzt sie ihn schachmatt: *„Ein Euro pro Kanne, und die Sammlung gehört Ihnen!"* Horst denkt kurz an Platz-, Spül- und andere Probleme. Und sagt ja.

„Gnädige Frau, ich nehme Ihre Kannen!"

Es dauert dann noch eine Woche, bis sein Hausmeister die Kannen abholen kann, denn die gnädige Frau spült alle nochmal mit der Hand, katalogisiert sie und verpackt sie liebevoll in Kisten. Ein kompletter Hochdachtransporter voll, die letzten beiden Kisten stellt Uwe, der Hausmeister, auf den Beifahrersitz, weil er sie sonst nicht mitbekommen könnte.

Und in der Oldiethek sind erstmal radikale Umbaumaßnahmen angesagt.

„Das gesamte Regal, in dem heute die Kannen stehen, war ja voller Bücher. Aber es war der einzig mögliche Platz. Da gab's nur eins: Bücher raus, Kannen rein." Drei Tage dauert die Umräumaktion, Horst und seine Mitarbeiter träumen schon nachts von Kaffeekannen, doch dann ist sie da: die Kaffeekannensammlung, die selbst ehemalige Ministerpräsidentinnen vor Neid erblassen ließe.

Und das Brutale ist: Die Sammlung wächst weiter, der geile Trieb widersetzt sich jedem Beschneidungsversuch. Längst sind hunderte weiterer Kannen dazugekommen, eine ungefähre Zahl kann Horst Lichter aber immer noch nennen: „3.000".

SMØRREBRØD, SMØRREBRØD, RØMMPØMMPØMMPØMM

Es könnte sein, dass mancher sich beobachtet fühlt, wenn er die Oldiethek betritt. Nicht, weil Horst Lichter Überwachungskameras eingebaut hätte, der Laden ist ja kein Supermarkt. Sondern weil zwei berühmte Augenpaare auf ihm ruhen, die dafür bekannt sind, alles mit ihren Kommentaren im Handstreich zu vernichten.

„Waldorf und Statler sitzen da oben, weil sie einfach perfekt in den Laden passen. Und der Koch ist ja schließlich auch nicht weit." Horst hat die drei überdimensionalen Muppet-Figuren auf der Empore gegenüber dem Eingang platziert. Das unzertrennliche Duo der beiden älteren Herren hat hier statt ihrer Loge eine gemütliche Couch spendiert bekommen, von der sie auf die Oldiethek-Welt herabsehen können. Eben ganz genauso, wie sie in der richtigen Muppet-Show auf die Bühne gucken. Der Koch, der gerade hier nicht fehlen darf, steht ein wenig abseits von den beiden Mecker-Opas.

„Die Drei sind ein Geschenk von jemandem aus dem Muppets-Dunstkreis. Da waren mal ein paar ganz feine Herrschaften bei mir essen." Eine größere Gesellschaft feiner Herrschaften ist das, genauer gesagt, die sich Lichters kulinarische Köstlichkeiten schmecken lässt und viel Spaß hat. Irgendwann nimmt einer der Herren ihn zur Seite, lässt sich eine Privatführung durch den Laden geben und lauscht den Geschichten dazu. „Dann sagte er was, dass er Exklusiv-Rechte für die Muppet-Vermarktung hätte, oder so. Hab nicht genau hingehört. Nur, dass der mir was schicken wollte, hab ich genau mitgekriegt."

Wie immer, das Leben geht weiter, es gibt viel zu tun, und Horst verdrängt das Gespräch. Bis er einen Abholschein von der Post erhält, drei Pakete sind abgegeben worden, er soll sie holen. Mit dem Pkw fährt er zur Post, nach Abgabe des Scheins führt ihn die Dame hinter dem Schalter zu drei mannshohen Kartons.

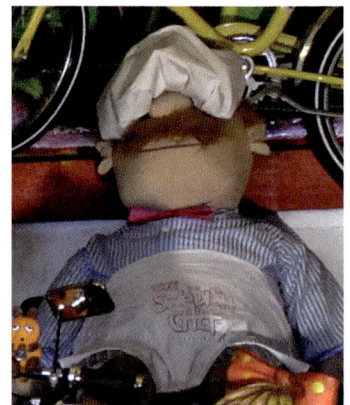

„Bitteschön, die sind für Sie …"

„Kann ich da erstmal reingucken?"

„Nee, nur, wenn Sie sie annehmen."

„Muss ich da noch was bezahlen?"

„Nee."

„Dann hol ich jetzt ein anderes Auto und nehm die Dinger mit."

Horst, immer noch erstaunt über die geheimnisvollen Monsterpakete, fährt nach Hause, holt einen Transporter und lädt die drei riesigen Pappkartons ein. Entgegen seiner Vermutung geht das erstaunlich leicht, denn trotz ihrer Größe wiegen die Dinger fast nichts.

Was drin ist, ahnt er nicht, bis er das erste Paket aufmacht und ihm eine Kochmütze und ein Puppengesicht entgegenstrahlen, das ihm verdammt bekannt vorkommt. Sein Ebenbild aus der Muppetshow steht ihm gegenüber. „Der Koch Smørrebrød, in Lebensgröße, ich hab mich weggeschmissen vor Freude …" Er schneidet, nein, reißt voller Neugier die anderen beiden Pakete auf, zum Vorschein kommen Waldorf und Statler

sowie ein kleiner Brief des Absenders mit ein paar Infos zu den Figuren. Die wurden einst zu Marketing-Zwecken produziert, und es gibt gerade mal acht Stück davon auf der ganzen Welt. Die blaue Mauritius unter den Marketings-Gags quasi.

Heute thronen diese seltenen Puppen auf der Empore der Oldiethek und haben ein wachsames Auge auf all die schönen Dinge und die Besucher.

Dass ausgerechnet der dänische Koch unter den Figuren ist, mit dem schon in den siebziger Jahren die damals aufkommenden TV-Koch-Shows auf die Schippe genommen wurden, muss für Horst besonders genial sein. Wer, wenn nicht der Schöpfer solch unsterblicher Zeilen wie „Smørrebrød, smørrebrød, rømmpømmpømmpømm" würde besser in den Laden von Deutschlands unkonventionellstem Fernseh-Koch passen!?

So selten die Figuren auch sein mögen, sie stehen trotzdem vor aller Augen hier in der Oldiethek, weil sie einfach klasse in dieses Kuriositätenkabinett passen. Fast wundert man sich, dass die alten Herren nicht gelegentlich aufstehen und sich all die anderen Dinge um sie herum anschauen. Aber wer weiß: Vielleicht nutzen sie ja die Nächte, um genau das zu tun? Horst Lichter könnte es wissen, aber er wird sie nicht verraten. Es wäre der letzte Beweis für die Lebendigkeit des Ladens.

EINE FLASCHE ZUM LACHEN

Ein weiterer Beweis für die Wandlungsfähigkeit des Ladens ist allerdings, dass sich selten, ganz selten auch einmal Dinge wieder aus der Mitte des Kuriositätenkabinetts verabschieden müssen. Dann nämlich, wenn Horst Lichter das Gefühl bekommt, sie passen irgendwie doch nicht zum positiven, stimmungsvollen Charakter der Oldiethek.

Von einer solchen Geschichte zeugt ein Gerät im Eingangsbereich des Ladens, von dem der Laie im ersten Moment nicht so recht weiß, um was es sich hier handelt. Sauerstoffflaschen für Taucher? Gasflaschen? Aber wofür?

Dem Gast aus Kiel, der mit Horst vor diesem Gerät steht, sind solche Fragen unerklärlich, er weiß genau, wofür das gut ist, und er bekommt ein feuchtes Glänzen in die Augen. Der Mann ist nämlich Anästhesist, und ein solches Lachgasbetäubungsgerät hat er das letzte Mal vor ziemlich langer Zeit gesehen. Aber er kennt es genau, und sofort fällt ihm dazu eine Geschichte ein.

„Wir haben da mal einen Polizisten auf dem OP-Tisch gehabt. Als sich die Operation langsam dem Ende näherte, hat der gute Mann noch eine kleine Portion Lachgas bekommen, um ihn sanft aufwachen zu lassen. War aber nichts mit sanft. Der wurde auf einmal zur

Furie, hat wild um sich geschlagen. Wir haben mehrere Leute gebraucht, um ihn zu beruhigen. Ganz individuelle Reaktion auf Lachgas, manchmal ist das wirklich ein teuflisches Zeug!" Der Kieler muss breit grinsen bei der Erinnerung an diese denkwürdige Operation.

Wenn Horst Lichter Besucher solche Geschichten erzählen hört, weiß er, dass er mit dem Laden alles richtig gemacht hat. Das konkrete Betäubungsgerät, wie es in seiner hässlichen Farbe, irgendetwas zwischen rosa und eierschalenfarben, hier steht,

hat natürlich seine Geschichte, und Horst kennt sie, wird sie auch gleich noch erzählen. Doch der Gast aus Kiel gibt dem Gerät wiederum eine ganz andere Geschichte, die er aus seinem Erfahrungsschatz zieht.

In Wirklichkeit hat Horst das Gerät von einem Stammgast geschenkt bekommen. „Ganz wilder Kerl, schon äußerlich, tagsüber in einer Werbeagentur, abends als Musiker auf der Bühne. Solche Typen faszinieren mich sowieso, weil sie nicht gewöhnlich sind." Der wilde Musiker hat zu jener Zeit eine Frau, die ebenfalls einen

ziemlich beknackten Tick hat: Sie sammelt alles, was rosa ist. Und weil ihre Freunde das natürlich wissen, bekommt sie ständig rosa Dinge geschenkt, in der Hauptsache Kühe, weil das neben der Farbe Rosa ihre zweite Leidenschaft ist. „Als die nun Geburtstag hatte, haben sich die Kumpels einen besonderen Gag ausgedacht und ihr dieses Lachgasbetäubungsgerät geschenkt. Einfach nur, weil der Farbton Ähnlichkeit mit rosa hat."

Als den beiden das Gerät für die Wohnung zu groß wird, denken sie gleichzeitig an Horst Lichter und fragen ihn, ob er es nicht für die Oldiethek haben möchte. „Ich fand das Ding einfach geil, sowas krieg ich ja auch nicht alle Tage. Also hab ich's genommen und in den Laden gestellt, stolz wie Oskar, dass ich sowas Geniales mein eigen nennen kann."

Ab da bekommt die Geschichte Eigendynamik. Denn nun merkt Horst es jedes Mal, wenn ein Mediziner bei ihm zum Essen kommt. Die fragen nämlich alle nach dem Lachgasgerät, so mancher bietet ihm weitere medizinische Geräte an. „Die fragten mich immer, welche Sachen mich denn noch interessierten. Hab ich gesagt, ein Stetoskop fänd ich cool, schwupps, hatte ich drei Tage später ein Stetoskop. Und so ging das immer weiter."

Es dauert nicht lange, und er hat eine komplette Praxiseinrichtung im Laden stehen, sogar zwei gynäkologische Stühle sind dabei. Dr. Lichter, der Arzt, dem Frauen vertrauen. Doch mit der Zeit wird ihm das komisch, im Gegensatz zu den anderen Dingen im Laden bekommt er keine richtige Beziehung zu den ganzen medizinischen Gerätschaften. Und irgendwann merkt er auch, warum: „Das fiel mir wie

Schuppen von den Augen. Alles im Laden ist positiv. Eine Arztpraxis ist für die meisten Leute nicht positiv. Zum Arzt gehst du nicht, weil du möchtest, sondern weil du musst. Und deswegen passte das ganze Gedöns gar nicht in den Laden."

Horst macht kurzen Prozess, verschenkt die noch voll funktionstüchtigen Sachen an Stellen in der dritten Welt, wo sie gebraucht werden können, die anderen Dinge gehen nach und nach an Sammler. Nur das Lachgasbetäubungsgerät behält er, „einfach, weil das so ein geiles Gerät ist." Außerdem ist es der Ausgangspunkt der ganzen Geschichte, die sonst aus der Oldiethek verschwunden wäre. Und soweit darf es dann doch nicht kommen: Das eine oder andere Ding darf den Laden auch wieder verlassen, die Geschichten jedoch müssen bleiben.

„Wenn ich die alten Motorräder hier sehe, würde ich am liebsten draufsteigen und sofort losfahren. Da kommt sofort das Gefühl von früher wieder in mir hoch ..."

Benutzen erlaubt — aber wer klaut, stirbt!

Man könnte ja einwenden, dass es eigentlich ein Frevel ist, solch eine ideell wie materiell wertvolle Einrichtung wie etwa den Frisiersalon weiter zu benutzen, um Menschen daran mit Kaffee und Kuchen kleckern zu lassen. Gehört der nicht eigentlich noch mal ordentlich aufpoliert und ins Museum gestellt?

Mit der Äußerung solcher Gedanken kann man Horst Lichters Unmut sehr schnell hervorrufen, und der sonst so witzige und charmante Alleinunterhalter wird ganz ernst. „Wer sowas sagt, hat den Laden nicht verstanden, will ihn vielleicht auch gar nicht verstehen", erklärt er dann eindringlich. Die Tatsache, dass dieser Laden ein lebender Organismus ist, liegt nicht zuletzt daran, dass all diese Dinge, die es hier gibt, angefasst werden dürfen und zum Teil auch weiter benutzt werden. „Manchmal", so erzählt Horst, „kommen Menschen, die mir vor fünf oder sechs Jahren mal eine Kaffeekanne mitgebracht haben. Die suchen die dann im Regal mit den unzähligen Kannen, kommen zu mir und sagen: ‚Horst, unsere Kanne ist nicht mehr da …' – Die ist aber da, nur steht die woanders, weil sie benutzt worden ist."

Besagte Kanne wird dann meist irgendwann doch von den alten Besitzern wiedergefunden, und die Freude ist groß, wenn den Menschen bewusst wird, dass ihre alten Sachen hier nicht nur eine Aufbewahrungsanstalt gefunden haben, sondern eine Art neues Leben. „Jede der Kannen wird für den Kaffeeausschank benutzt, hinterher von Hand gespült und dann wieder ins Regal gestellt, ebenso, wie wir all die unterschiedlichen Tischdecken auf den Tischen hier immer weiter benutzen. Keine Einzige davon ist von mir neu für den Laden gekauft worden. Ich hätte in der Anfangszeit gar nicht das Geld dafür gehabt, um mir so viel Ausstattung zu leisten. Aber die Menschen haben mir ihre Decken gebracht, jede neue anders als die anderen, und bis heute liegen die hier auf den Tischen, werden wieder gewaschen, in den Schrank geräumt und dann weiterbenutzt."

Und es kann immer vorkommen, dass sich mal jemand an einem Tisch niederlässt und plötzlich ruft: „Guck mal, das is' doch die Tischdecke von der Tante Gerda. Die ham' wir dem Horst doch damals mitgebracht." Solche Szenen machen Horst glücklich, weil sie die Menschen glücklich machen. Er merkt dann ganz intensiv, dass er alles richtig gemacht hat, als er gegen alle Widerstände und ohne echten Zukunftsplan den Laden verwirklichte.

Anfassen ist also erwünscht und erlaubt, es steht ja auch fast alles so rum, dass jeder es in die Hand nehmen kann. Steigt da nicht die Gefahr, dass geklaut wird? Merkt das überhaupt einer? Horst würde es merken, und würde dem Schild am Eingang alle Ehre machen, weil es ihn tief träfe, wenn irgendwelche Banausen Dinge aus dem Laden mitgehen ließen. Indes: Es passiert quasi nicht, in all den Jahren ist so gut wie nichts weggekommen, ist sich Horst sicher; es kann höchstens mal sein, dass nach einer größeren Feier jemand im Suff den Pfefferstreuer einsteckt. Was demjenigen am nächsten Tag mit Sicherheit peinlicher ist, als es Horst und dem Laden schadet.

Die offensichtliche totale Verfügbarkeit aller Dinge scheint die Menschen eher davon abzuhalten, auch nur auf den Gedanken zu kommen, hier etwas zu klauen. Es wäre, das merkt man einfach, wenn man durch die Gänge wandelt, ein Sakrileg sondergleichen, diesem Sammelsurium ein Stück zu entreißen.

Wer hier klaut, stirbt also, nicht im wörtlichen

Sinne, aber für Horst Lichter und den Mythos Oldiethek ist er gestorben, denn, wer hier klaut, würde auch seine eigene Oma verkaufen, weil er bar jeder menschlichen Empfindung handelte. So ist wohl das Eingangsschild zu verstehen.

EIN GOLDIGES MISSVERSTÄNDNIS

Bisweilen profitiert die Oldiethek aber auch von der Gefühllosigkeit mancher Menschen, davon, dass ihnen menschliche Empfindungen fremd zu sein scheinen. Dann kommen Gegenstände zur Sammlung im Laden hinzu, die unter normalen Umständen nicht hier gelandet wären.

So wie damals, als ein Pärchen zu Horst Lichter kommt, mehrere Kisten mit altem Zeug dabei hat und sie ihm vor die Tür stellt. Wenn Horst diese Geschichte erzählt, merkt man ihm noch immer die innere Verärgerung über das Verhalten der jungen Leute an. „Die kamen hier an, stellten mir die Kisten hin und hatten so einen Tonfall drauf, der sagen sollte: ‚Der Alte ist tot, hat uns den ganzen Mist hier hinterlassen, bevor wir's wegschmeißen, laden wir's lieber bei dir ab.' Das kam so richtig von Herzen ..."

Die totale Respektlosigkeit gegenüber dem offensichtlich gerade verstorbenen Vater oder Großvater und den persönlichen Dingen, die sich in der Kiste befanden, kam dabei zutage, und wenn Horst etwas überhaupt nicht leiden kann, ist das Respektlosigkeit oder fehlende Demut, bei solchen Szenen steht ihm immer wieder das Schumacher-Interview vor Augen. Er hofft dann inständig, dass er selbst niemals vergessen wird, was wichtig ist. Jedenfalls steht nun diese Kiste da, die Lieferanten sind wieder weg, und Horst schaut mit mäßiger Begeisterung durch, was er da bekommen hat. Ein paar Kaffeekannen nimmt er raus, auch Besteck ist noch drin, das er für den Laden brauchen kann. Der Rest ist eigentlich nur noch für die Mülldeponie gut. Bevor er die Kiste wieder schließt, um den größten Teil des Inhalts zu entsorgen, öffnet er aber noch eine alte unscheinbare Zigarrenkiste, in diesem Moment siegt die natürliche Neugierde. Alte Schlüssel befinden sich in der Kiste, kaputte Uhren. Und ein Goldbarren. Ein kleiner Goldbarren, den Horst im ersten Moment, noch unter dem Eindruck des restlichen Schrotts in der Kiste, für ein Fake hält, für irgendein nachgemachtes Ding.

Trotzdem marschiert er am nächsten Tag damit zur Bank, um wenigstens auf Nummer sicher zu gehen und einen Irrtum auszuschließen. Und siehe da, der Goldbarren ist echt, auf Grund seiner geringen Größe zwar nicht unendlich wertvoll, aber immerhin …

Zwar fragt der Bänker, ob Horst das Gold gegen Geld eintauschen möchte, doch das kommt natürlich nicht in Frage. Er besitzt diesen Barren heute noch, er ist längst ein ebenso wichtiger Bestandteil der Oldiethek geworden wie all die anderen Dinge. Sein materieller Wert spielt dabei keinerlei Rolle, auch wenn der bei den heute sehr hohen Goldpreisen wahrscheinlich eher noch gestiegen ist.

Etwas anderes ist wichtig, und zeigt wiederum, wie Horst tickt, warum es diesen Laden gibt, als Heimat so vieler unterschiedlicher Dinge. „Wären die zu mir gekommen", erklärt er, „und hätten gesagt: ‚Du Horst, der Papa ist gestorben, wir haben da noch einige alte Dinge von ihm und bringen es nicht übers Herz, das wegzuschmeißen. Guck doch mal, ob du noch was davon brauchen kannst.' Hätten die das getan, hätte ich

versucht, die wieder ausfindig zu machen, um ihnen den Goldbarren zurückzugeben."

Da liegt das Geheimnis: Der Ton macht die Musik, und die Einstellung zu anderen Menschen und zu ihrem scheinbar wertlosen Besitz ist wichtig. Sie zeigt, ob jemand Herz und Gefühl besitzt oder als egoistischer Idiot durchs Leben geht. Horst Lichter transportiert durch sein Auftreten, egal, ob auf der Bühne, im TV oder im Laden, genau diese Einstellung, und das in einer Zeit, in der sich Blenderei, Ellbogenmentalität und kaltes Kalkül in allen Lebensbereichen als einzige Überlebensstrategie etabliert zu haben scheinen.

GROSSE ERWARTUNGEN –
LEERE KISTEN

Viele der Oldiethek-Geschichten entstehen an langen Koch-Abenden durch Horst Lichters direkten Kontakt mit den Gästen. Die meisten davon sind zum Lachen, durch und durch positiv, zeigen, wie sehr der Laden auf die Menschen wirkt und wie sie mit ihren Erinnerungsstücken wiederum auf ihn einwirken.

Doch manchmal, die Goldbarren-Geschichte deutet es schon an, verstehen die Menschen auch nicht, worum es Horst geht, versuchen sie stattdessen, den Laden als Abgabestelle für den Schrott zu missbrauchen, der daheim nur rumliegt.

Man könnte befürchten, dass das häufiger vorkommt, aber Horst verneint sofort. Genau wie kaum geklaut wird, sind auch die Versuche, bei ihm Müll loszuwerden, verschwindend wenige. Aber es gibt sie, auch wenn sie selten so unglaublich scheinen; wie die Geschichte, die sich ebenfalls an einem gemütlichen Restaurant-Abend in der Oldiethek entspinnt ...

Was war passiert? Es fing eigentlich ganz normal an, ein schöner Abend, wie so oft. Horst hat Gäste, offensichtlich Leute mit Geld, man merkt es ihnen an. Sie essen und trinken gut, und Horst, wie es seine Art ist, kommt mit ihnen ins Gespräch. Einer der Herren am Tisch, zu jener Zeit bei einem großen privaten Fernsehsender für technische

Innovationen zuständig, erzählt, er habe in Österreich geerbt, wisse aber gar nicht, wohin mit den ganzen Sachen. Ob Horst die nicht für die Oldiethek haben will, er würde sie ihm sogar schenken.

„Da sind tolle Sachen bei, das würde alles wunderbar hier reinpassen." Horst hört der Schwärmerei zu, ist Feuer und Flamme und sieht sich vor seinem geistigen Auge schon all die wundervollen Dinge im Laden platzieren.

Begeistert stimmt er zu, sie phantasieren gemeinsam, wie all das sich wohl im Laden machen wird. Selbst das Transportproblem, immerhin stehen die Sachen irgendwo in Österreich, löst sich wie von selbst, sitzt doch ein höherer Angestellter des Fernsehsenders

mit am Tisch, der kurzerhand die Entscheidung trifft, man bezahle den Transport. Vermutlich hat er die Super-Reportage darüber schon im Hinterkopf. So sind alle euphorisch, man verabredet alles Organisatorische, und Horst ist gespannt wie der sprichwörtliche Flitzebogen, was ihn da aus der Alpenrepublik erwartet.

Karnevalszeit, Ausnahmezustand und Hochbetrieb im Rheinland, Horst ist eigentlich unterwegs und schwer beschäftigt, wartet aber ständig auf den Anruf aus Österreich. Und der kommt. Am Rosenmontag: „Horst, der Lkw ist unterwegs, ein Siebeneinhalb-Tonner, beladen bis unters Dach, der kommt heute und lädt bei dir aus."

Horst lässt, Karneval hin, Karneval her, alles stehen und liegen, sagt Termine ab, ist völlig auf die große Lieferung fixiert. „Ich hab nur gedacht, wie geil das ist, dass die das tatsächlich geschafft haben und diese ganzen Dinge jetzt auf dem Weg zu mir, zum Laden sind."

Vollkommen euphorisch ruft er ein paar Kumpels an, trommelt sie zusammen, damit sie ihm beim Ausladen der erwarteten Schätze helfen, alle sollen zum Laden kommen, er macht sich auch auf den Weg. Dann der nächste Anruf: „Horst, du musst unbedingt so schnell wie möglich kommen, der ganze Hof steht voller Kartons!" Horst beeilt sich, fährt zum Laden und wird von einem seiner Freunde nicht gerade erwartungsgemäß

begrüßt. „Horst", sagt der zu ihm, „du wirst nicht begeistert sein. Wir haben da mal ein paar Kartons aufgemacht, das is' schon komisch ..."

Horst ist irritiert, guckt auf die Unmengen an Kisten, macht eine auf, schaut rein. Noch eine. Und noch eine. Nachdem er den Inhalt von drei Kisten begutachtet hat, reagiert er umgehend: „Wir haben, obwohl Feiertag war, direkt einen LKW organisiert, um das ganze Zeug wieder einzuladen. Die Enttäuschung, die ich in dem Moment gespürt habe, kann ich bis heute nicht richtig beschreiben."

Der angenehme Mensch, der Horst vermeintlich diverse Schätze für den Laden beschaffen wollte, hatte ihm in Wirklichkeit einen Haufen wertlosen Müll geschickt. Von Österreich nach Rommerskirchen, per Lkw, und der Sender hat den ganzen Spaß bezahlt. Unglaublich, Horst ist fassungslos.

„In den Kartons waren beispielsweise unzählige Kleiderbügel. Und hunderte leere und zum großen Teil kaputte Aktenordner, fast 16 Kisten mit Aktenordnern haben wir aufgemacht, es war wirklich unfassbar." Aus weiteren Kartons holen sie Klamotten raus, alte Unterwäsche, es wird immer schlimmer. „Es war nur Schrott, ein Riesen-Lastwagen voller Schrott, Sperrmüll bis hin zu kaputten Betten und Schränken, das ganze Zeug hat mich hinterher mehrere hundert DM bei der Entsorgung auf der Mülldeponie gekostet." Anschließend ruft er noch beim Sender an, um denen zu sagen, dass sie sich die Transportkosten von dem feinen Herrn zurückholen sollen, er habe sie zur Müllentsorgung missbraucht.

Pech gehabt, könnte man sagen, fällt sicherlich auch unter diese Kategorie, doch bis heute sagt Horst: „Das war für mich wirklich eine ganz üble, persönliche Beleidigung. Die ging so richtig tief rein, das kann man nur nachvollziehen, wenn man weiß, was dieser Laden für mich bedeutet."

Jener Geber wusste es nicht, und Horst hat nie erfahren, was genau hinter der Sache steckt. Hat der Mann einfach nur den Laden nicht verstanden? Wollte er ihm bewusst

‚einen reinwürgen', um zu zeigen, dass er weder von Horst Lichter noch von seinem Lebenswerk etwas hält? Oder haben die Transporteure am Ende alle betrogen und unterwegs die guten Sachen gegen den ganzen Schrott ausgetauscht? Alles ist möglich, er weiß es nicht, will es wohl heute auch gar nicht mehr wissen, auch wenn er nie vergessen wird, wie traurig und enttäuscht er damals war, wie tief in seinem Innersten getroffen.

„Hier kannste ja tausendmal herkommen
und hast immer noch nicht alles gesehen.
Gibt's hier eigentlich 'ne Jahreskarte?"

Ein Ort für Freunde

Dass die Oldiethek ein Ort der Begegnung und der Kommunikation ist, hat schon die Geschichte vom Friseursalon gezeigt, und es gehört zum Allerwichtigsten für Horst Lichter, dass die Menschen das verstehen und bei einem Besuch im Laden auch mit Leben füllen.

Gerade in der Anfangszeit der Oldiethek, als Laden und Besitzer noch einen eher überschaubaren Bekanntheitsgrad besitzen, sind es nur zu einem kleinen Teil auswärtige Restaurant- und Cafégäste, die für Leben in der Bude sorgen, sondern häufig Freunde und Bekannte, für die Horst Lichters Geschichten-Sammellager ein beliebter Treffpunkt für Zusammenkünfte aller Art ist. Hier können alle in gemütlicher Runde bis spät in die Nacht sitzen, quatschen und den lieben Gott einen guten Mann sein lassen.

Und es ist ein toller Ort, um die gemeinsamen Hobbies zu pflegen, zu denen vor allem, das kann bei Horst nicht überraschen, der Rennsport gehört. Immer, wenn im Fernsehen Übertragungen der Formel-1-Rennen anstanden, ist die Oldiethek lange Zeit Pilgerort für die rennbegeisterten Kumpels von Lichter. Alle finden sich rechtzeitig im Laden ein, und dann wird zusammen geguckt, was Schumacher, Senna und Co. auf den Rennpisten dieser Welt zustande bringen. Zentrum der Treffen ist damals das Bibliothekszimmer in der Oldiethek, das über die rechts vom Eingang befindliche Treppe erreichbar ist und zu einem guten Teil aus Bücherwänden besteht.

„Da haben wir dann immer einen kleinen Fernseher aufgestellt, und jedes Mal sind ungefähr 20 Mann gekommen, um zusammen unserem Hobby zu frönen." Eine Riesengaudi ist das immer, vor allem bei den Nachtrennen, wenn der Formel-1-Tross sich gerade mal wieder irgendwo in Asien oder Südamerika befand und die Übertragung in Deutschland zu wahrhaft unchristlichen Zeiten über die Bühne geht. Mitten in der Nacht finden dann im Bibliothekszimmer der Oldiethek konspirative Treffen von Rennenthusiasten aus Rommerskirchen und Umgebung statt: „Fernseher auf den Tisch, Bücher drunter, damit überhaupt alle das kleine Ding sehen können, und los ging's. Da haste natürlich meist nur so Punkte fliegen sehen, wenn die das Rennen

in der Totale gezeigt haben, mehr ging auf dem kleinen Fernseher ja gar nicht, wenn du da mit 20 Leuten davor sitzt." Horst wird direkt nostalgisch zumute, wenn er an diese Zeiten denkt.

Das Gemeinschaftserlebnis ist jedes Mal großartig, das Rennerlebnis selbst allerdings doch etwas getrübt, weil so wenig zu erkennen ist. Abhilfe tut not, und wie so oft in seinem Leben ergibt sich die Möglichkeit dazu eher zufällig. „Es war Freitag, und ich war bei meinem Elektronikhändler im Laden. Da seh ich da einen Fernseher stehen, ein Teil mit einer unfassbaren Bilddiagonale, sowas hatte ich noch nie gesehen." Und wie der Zufall es will: Just in dem Moment, wo er davorsteht, läuft gerade eine Übertragung vom Formel-1-Training des Rennens am darauffolgenden Sonntag.

„Boah, is' das geil", denkt sich Lichter nur und fragt als Nächstes: „Was kost' denn so'n Teil?" Der Händler nennt einen Betrag jenseits von Gut und Böse, immerhin sind diese Fernseher zu jenem Zeitpunkt die ersten ihrer Art auf dem deutschen Markt und für Otto Normalverbraucher quasi unbezahlbar. Aber Horst' kreative Ader lässt ihn nicht im Stich, er bietet dem Händler einen Deal an und fordert gleichzeitig seine Leistungsfähigkeit heraus. Wenn er es schafft, so lautet der Deal, bis zum Rennen am Sonntag den Fernseher in der Oldiethek aufzustellen und fix und fertig mit Satellitenschüssel und Decoder anzuschließen, wird Horst das Gerät nehmen. Zusatzbedingung: Die nächsten zwei Weihnachtsfeiern des Elektronikhändlers finden in der Oldiethek statt. Gegenfinanzierung nennt man das, der Händler schlägt ein, und Horst freut sich auf die – im wahrsten Sinne des Wortes – Riesenüberraschung, die er seinen Kumpels am Sonntag zu bieten hat.

„Am Sonntag hatte ich tatsächlich den fetten Bildschirm im Laden stehen." Horst inszeniert das Ganze perfekt. Über den neuen Fernseher hängt er eine große Tischdecke, so dass auf den ersten Blick nichts mehr zu sehen ist. Obendrauf stellt er das alte Minigerät. Seine Kumpels kommen, wundern sich zwar, dass die Vorführung heute in einem anderen Raum stattfindet, finden sonst aber alles wie gewohnt vor. Da steht nämlich der kleine Fernseher, die Vorberichterstattung über das Rennen läuft bereits. Worauf der Fernseher steht, fällt niemandem auf, warum auch, steht schließlich immer 'ne Menge rum beim Horst.

„Ich hab mir vorher extra so einen Fußschalter installieren lassen und dann irgendwann den alten Fernseher ausgemacht." Es sieht aus, als ob das Gerät den Geist aufgegeben hätte. Ein Riesengetobe im Zuschauerraum, schlechte Laune macht sich breit, in Rommerskirchen ist das Rennen gelaufen, bevor es angefangen hat. Dann ein Hoffnungsschimmer: Die Stimme des Kommentators ertönt wieder, aber das Bild bleibt schwarz. Dass der Ton aus dem großen Kasten unter der Tischdecke kommt, begreift zuerst keiner, alle blicken wie gebannt auf das kleine Gerät, als wenn sie das Bild wieder herbeizaubern könnten. Und dann fällt die Tischdecke, die Rennwagen rasen in einer Größe über den Bildschirm, als wenn sie direkt vor einem stünden, Lichters Kumpels rasten fast aus vor Begeisterung.

Einer meint: „Boah, das ist ja unfassbar, da kannste die Pickel beim Schumacher im Gesicht erkennen!"

Der Fernseher, in Zeiten immer neuer riesiger Flat-Screens nichts Besonderes mehr, steht immer noch in der Oldiethek. Mit seinem Alter von zehn Jahren ist das Gerät eigentlich fast zu neu für den Laden, es passt trotzdem hier rein, weil es eine schöne Geschichte hat und den Betrachter zu eigenen Geschichten animiert. Denn mittlerweile hat fast jeder seinen ersten Riesenfernseher daheim stehen und kann so manche Geschichte über Freud und Leid damit zum Besten geben.

An Fernseher war am Ende des Zweiten Weltkriegs noch kaum zu denken, und auch motorisierte Untersätze waren nur wenigen Bevölkerungsschichten vorbehalten. Fahrräder gab's allerdings schon damals en masse, doch wohl kaum eins erzählt eine so rührende Geschichte wie jenes rostige alte Gefährt, das die Gäste in der Oldiethek bestaunen können.

SO WEIT DIE RÄDER TRAGEN

In der Oldiethek befinden sich viele auffällige Gegenstände. Scharfe Autos, riesige Fernsehkameras, erotische Bilder und Gegenstände sowie tausend andere Dinge, die einem sofort ins Auge stechen.

Tatsächlich aber sind es manches Mal ausgerechnet die unscheinbarsten Dinge, welche beim ersten Blick und selbst beim zweiten noch übersehen werden und doch die anrührendsten Geschichten erzählen.

So kann man x-mal die Treppe zum Bücherzimmer rauf- und runtergehen, ohne auf das klapprige Vehikel zu achten, das sich direkt neben dem Geländer befindet. Ein Fahrrad, naja, fast ein Fahrrad, denn ganz komplett ist es nicht. Sein Vorderrad fehlt.

Mit dem Fahrrad steht eines Tages eine freundliche alte Dame bei Horst vor der Tür:

„Ich habe gehört, Sie sammeln alte Dinge und Geschichten. Ich hab da was für Sie …"

„Gnädige Frau, was ist es denn?"

„Das Fahrrad hier, wollen Sie das haben? Ich würde es Ihnen gerne überlassen."

Horst guckt auf das, was von dem Drahtesel noch übrig ist, eigentlich sieht er nur einen rostigen Rahmen, ein Hinterrad und eine riesige Vorderlampe. Schrottreif wäre eine nette Umschreibung für den Zustand. Er fragt sich, warum er das im Laden aufstellen sollte, und bekommt flugs die Erklärung.

„Es ist nicht wertvoll, das weiß ich wohl, aber ich muss unbedingt verhindern, dass meine Enkel es auf dem Sperrmüll entsorgen, denn hinter dem Rost steckt eine wundervolle Geschichte." Als Horst sie hört, weiß er, dass er das Rad nehmen wird. Das Fahrrad gehörte ihrem mittlerweile leider verstorbenen Mann, so erzählt die Dame. Dann erzählt sie, wie glücklich sie waren, damals, bevor der Krieg in Deutschland alles veränderte. Auch ihr Mann musste Führer, Volk und Vaterland auf sinnlose Weise dienen und geriet dabei nach Kriegsende in französische Gefangenschaft. Eine bange Zeit der Ungewissheit

folgte, bis sich eines Tages ein Wunder ereignete. Ihr Mann kehrte zurück. „Der war den ganzen weiten Weg zurück nach Hause auf dem Fahrrad gefahren, um endlich wieder bei seinem Schatz sein zu können!" Horst ist enorm beeindruckt, „Als sie sich endlich wieder in die Arme schließen konnten, wurde er so von seinen Gefühlen überwältigt, dass er ihr gleich einen Heiratsantrag gemacht hat. Das is' doch mal schön ..."

Das Fahrrad hat die Jahrzehnte überstanden und seinen Besitzer noch viele Kilometer getragen, bis es schließlich nicht mehr zu gebrauchen war und ihm

sogar der Vorderreifen abhanden kam. „Wir haben es dann in den Kriegskeller gestellt", erzählt die alte Dame. Kriegskeller? Die Garage der Familie bekam diesen seltsamen Namen, weil in ihr alles aufbewahrt wurde, was aus alten Zeiten stammt. Und nun steht die alte Dame bei Horst vor der Tür und will die Erinnerungen vor der Entsorgung auf dem Sperrmüll retten. Klar, dass er ihr das nicht abschlagen kann und sich tief geehrt fühlt, dass ausgerechnet er in seinem Laden diese rührende Liebesgeschichte am Leben erhalten darf. Außerdem: „Ich hätte ihr alles abgenommen, egal, was sie gebracht hätte. Das wäre gar nicht anders gegangen, so rührend war dieser Auftritt."

WIE KOMMEN DIE SCHLAPPEN
AN DIE DECKE?

Horst Lichters Kontakt mit dem Rennsport beschränkt sich nicht nur auf das Schauen von Formel-1-Übertragungen, er pflegt auch den persönlichen Umgang mit vielen Leuten aus der Szene.

So auch an jenem Abend, als ein Rennteam von Toyota sich mal wieder nett in der Oldiethek bekochen lassen will. Die kommen häufiger, eigentlich ist es die Rallye-Abteilung von Toyota. Allerdings steht im Team gerade ein personeller Umbruch an, man will groß ins Formel-1-Geschäft einsteigen. Neue Top-Ingenieure aus England sollen dabei helfen und werden von ihren deutschen Kollegen mit einem Besuch in der Oldiethek gleich zünftig ins Rheinland eingeführt.

Die Truppe kommt also mit zehn Mann bei Horst an, isst, trinkt, die Stimmung steigt. Als einer der Engländer zwischendurch zur Toilette muss, denkt Horst sich nichts dabei. Der Mann ist jedoch kaum aus der Tür, da hält einer der Kollegen Lichter ein paar besonders hässliche weiße Hausschlappen mit blauen Längsstreifen unter die Nase und fragt: „Horst, dürfen wir die hier bei dir an die Decke nageln?!" Horst weiß zwar nicht, was die Schlappen unter der Decke zu suchen haben, aber natürlich erscheint ihm die Geschichte skurril genug, um zuzustimmen. „Die hatten alles dabei, Hammer und Nägel, holen das raus, nageln die Schlappen an den Querbalken über dem Platz des Engländers und haben einen Riesenspaß. Ich wusste immer noch nicht, warum, hab mich aber über die Stimmung gefreut."

Als der gute Mann zurückkommt, ahnt er nichts, setzt sich, widmet sich dem Essen. Kurze Zeit später wieder lautes Gelächter, der Ingenieur guckt, als ob ihm gerade ein Motor geplatzt wäre. Jetzt ist Horst dann doch zu neugierig, setzt sich dazu und lässt sich aufklären. Ein Trupp Kollegen hatte den Engländer kurz zuvor vom Hotel in Köln abgeholt und sich, während er im Bad war, in seinem Zimmer umgesehen. „Dabei müssen ihnen diese unfassbar hässlichen Schlappen aufgefallen sein. Die konnten gar nicht glauben, dass jemand in sowas rumläuft." Spontan steckt einer die Dinger ein und nimmt sie mit zur Oldiethek.

Und nun hängen sie dort über dem Kopf ihres Besitzers und die Kollegen machen sich eine Mordsgaudi daraus, ihn auf diese unglaublichen Schlappen hinzuweisen, die ja genauso aussähen wie die in seinem Hotelzimmer. Die Stimmung steigt weiter und es dauert noch einen ganzen Moment, bis der Engländer schließlich begreift, WELCHE Schlappen da über seinem Kopf baumeln.

Sie baumeln dort heute noch, zurückhaben wollte der Ingenieur sie dann doch nicht, vielleicht hatte er spontan verstanden, dass sie sich mit dieser Geschichte längst ins Oldiethek-Inventar eingeschlichen hatten.

Tanzen kann man auf den Schlappen allerdings wohl nicht, schon gar nicht Rock'n'Roll ...

WE LOVE ROCK'N'ROLL

Gleich nach dem Hereinkommen bleiben einige Gäste vor einer feschen Schaufensterpuppe stehen, die mit keckem Hüftschwung ein Original 50's-Kleid präsentiert. Das pink-grüne Blumenmuster darauf will so gar nicht zu den eher gedeckten Farben der umstehenden Motorräder passen.

„Ich hab da einen Bekannten in der Scuderia Colonia, bei dem hab ich mich schon immer gefragt, warum der eine Schwäche für italienische Sportwagen hat. Nach dem Äußeren zu urteilen, müsste der Ami-Schlitten fahren." Hat er auch getan, der Bekannte. Früher nämlich, wie Horst Lichter feststellt, als man sich ein wenig näher kennenlernt und über die automobilen und sonstigen Vorlieben austauscht.

„Der is' immer schon mit so'ner richtigen Elvis-Tolle rumgelaufen, war Rock'n'Roller durch und durch und hat diese Musik und diese Emotionen gelebt, genau wie seine Frau." Beide erzählen Horst von ihrer Schwäche für die 50er und eben jenen großen Ami-Schlitten, die sie gefahren haben, bevor sie sich italienischem Sportwagen-Flair zuwendeten. Und abgesehen vom automobilen Schwenk um 180 Grad pflegen sie ihre Vorlieben auch weiterhin. Das merkt Horst, als das Paar ihn zur Geburtstagsfeier des Mannes einlädt. „Ich komm da rein und seh sofort: Was für ein Wahnsinn, die sind ja Rock'n'Roll-krank ..."

Seit 30 Jahren tanzen die beiden zusammen, haben einen Club gegründet, dem sie bis heute angehören, und sammeln alles Mögliche, was thematisch und zeitlich passt. „Die haben all die Jahre getanzt wie die Irren, sind immer in Cadillac und Co. durch die Gegend gefahren und haben sich das ganze Haus vollgestellt mit alten Musicboxen und so'nem Zeug."

Unter „so'n Zeug" fallen auch ungefähr 30 Schaufensterpuppen, alle voll im Stil der Rock'n'Roll-Ära eingekleidet. Ein Petticoat neben dem nächsten und eigentlich wartet

man nur drauf, dass eine der Figuren die Knöpfe auf der Music-Box drückt und satter Elvis-Sound durch die Bude tobt.

Eine der Puppen muss nach jener Feier ihr Heim verlassen. Der Rock'n'Roller mit Italo-Faible schenkt Horst die Dame mit dem pink-grünen Kleid für den Laden, weil er findet, dass die da mindestens so gut reinpasst wie in sein Haus. Seitdem steht sie dort, als wenn sie nur auf den erstbesten Halbstarken wartet, der mit ihr eine Runde durch die Oldiethek hottet, um anschließend auf einem der Motorräder auf Nimmerwiedersehen zu verschwinden.

Wie optimal Erinnerungen an vergangene musikalische Zeiten ausgerechnet in die Oldiethek passen, ist aber sicherlich auch dem Rock'n'Roll-Paar nicht ganz klar gewesen. Ein Blick in die Vergangenheit, lange bevor Horst Lichter dem Gebäude neues Leben einhauchte, zeigt: Mit Tanzen und Musik hatten's die Butzheimer schon ganz früh.

RÜCKBLENDE: ALS IM LADEN NOCH GESCHWOFT WURDE

Wer die Oldiethek heute besucht, fühlt sich schon nach kurzer Zeit, als wenn das alles hier schon immer so gewesen sein müsste. Der ganze Laden ist mittlerweile so optimal für die Dinge und ihre Geschichten eingerichtet, dass er wie dafür erbaut erscheint. Dass all die Winkel, Treppen und Ecken erst in den letzten zwanzig Jahren entstanden sind, nachdem Horst Lichter sich entschloss, sein Leben zu ändern, mag man kaum glauben. Und doch ist es wahr: Es gab eine Zeit vor der Oldiethek, eine Zeit, in der die Menschen, die in dieses Gebäude kamen, nicht Kaffeekannen und Autos bestaunten, sondern schwoften, Filme schauten oder einfach nur froh waren, ein Dach über dem Kopf zu haben. Doch der Reihe nach ...

Neben dem richtigen, dem zum Reinbeißen, hat das flüssige Brot in Deutschland schon immer eine große Rolle gespielt. Und wer das Rheinland kennt, weiß, dass man beim Thema Bier in dieser Region schnell ins Fettnäpfchen tritt. Die Kölschfraktion tritt da gegen die Altfraktion an, und die Bierfront verläuft genau zwischen den Nachbarorten Frixheim und Butzheim. Heute wird das alles nicht mehr so heiß gegessen, wie es früher gekocht wurde. Die Biergrenze war zu beachten, in Frixheim wurde Alt gebraut und getrunken, in Butzheim schwor man auf Kölsch.

Die wilden Zwanziger: In Butzheim befindet sich an der Ortsdurchgangsstraße eine große Brauerei, hier wird der Stoff für die Kölschtrinker hergestellt, hier wird er auch konsumiert. Zur Brauerei gehört nämlich ein typisch rheinischer Gasthof, der „Gilbacher Hof". Die Butzheimer genießen hier die rare freie Zeit. Aber wer trinkt, will ab und zu auch tanzen, und so kommt es, dass direkt neben der Gaststätte eine Halle gebaut wird, die so groß ist, dass sie dem Butzheimer und Nettesheimer Vereinsleben mächtig Auftrieb verschafft.

Deutschland marschiert zwar bereits auf üble braune Zeiten zu, doch Feiern ist in den Goldenen Zwanzigern so richtig angesagt. Und zehn bis fünfzehn Mal im Jahr lassen auch die Butzheimer es richtig knallen. Ob Schützenverein oder Karneval, die Halle neben dem Gilbacher Hof ist immer proppevoll, Roaring Twenties im Rheinland. Noch heute kommen ältere Damen und Herren in die Oldiethek, die Horst Lichter mit verklärtem Blick erzählen, wie sie hier einst zu flotter Musik das Tanzbein geschwungen haben.

Bis weit in die Kriegsjahre hinein flüchten die Menschen aus der Umgebung hierher, um in immer schwierigeren Zeiten wenigstens ab und zu ein wenig Ablenkung zu finden. Schon damals also bietet dieses Gebäude eine eigene Welt, die den Alltag vergessen lässt und den Besucher in etwas Schöneres entführt. Fast scheint es, als ob die Einrichtung der Oldiethek schon in jenen Zeiten am Horizont erkennbar gewesen wäre.

Denn auch eine weitere Art, die Halle zu nutzen, hat mit den kleinen Fluchten aus dem Alltag zu tun. Peter Edmunds, ehemaliger Gemeindedirektor von Rommerskirchen und gebürtiger Butzheimer, erinnert sich, wie er, selbst Jahrgang 1940, nach dem Krieg die ersten Kinofilme in der alten Halle schauen durfte: „Viele UFA-Streifen wurden gezeigt, wir guckten dort auch unsere Kinderfilme." Mittlerweile wurde nämlich dort nicht nur gefeiert, sondern es war ein Kino eingerichtet worden, und der junge Edmunds bekam just hier seinen ersten Western zu sehen, ein unvergessliches Erlebnis, das er auf immer mit dem Gebäude an der Landstraße verbinden wird. Genauso wie das Jahr 1949: „Mit neun Jahren durfte ich das erste Mal zum Schützenfest, das war großartig, und dieses Schützenfest fand in eben jener Halle statt, in der der Horst heute seinen Laden hat."

Die Kinoherrlichkeit währte jedoch nicht lange, auch getanzt werden konnte bald nicht mehr. Denn zu Beginn der 50er-Jahre brauchte man Platz in Butzheim, Platz für Vertriebene und Aussiedler aus den ehemaligen deutschen Ostgebieten, die es nunmehr ins Rheinland verschlagen hatte. Die Halle wurde Zuflucht für all jene, die fernab der Heimat einen Neuanfang wagen mussten.

Für die Menschen bedeutete das Hoffnung, für die Halle selbst begann damit der Abstieg zu einem im Grunde bedeutungslosen Gebäude, irgendwo in der rheinischen Provinz zwischen Düsseldorf und Köln. Der Gilbacher Hof existiert zwar noch bis Ende der 70er-Jahre, in der Halle wird jedoch nur noch mit Schrott und anderen Dingen gehandelt. Jedenfalls findet nichts mehr statt, was Menschen Freude bereitet. Sie fällt in einen langen Dornröschenschlaf, aus dem sie erst mit der Entdeckung durch Horst Lichter und die Eröffnung der Oldiethek langsam aber sicher wieder erwacht.

„Hier brauchste ja in der ganzen Gegend keine Bibliothek mehr. Wenn du was zu lesen haben willst, gehst du einfach zum Lichter."

Bücher, so viele Bücher

Wenn sich neben den Autos und Motorrädern eines wirklich quer durch den ganzen Laden zieht, dann sind es die Bücher. Sie stehen überall, in jedem Raum, Wandschmuck der anderen Art, zum Teil sind sie sogar unter die Decke genagelt. Manchmal, etwa im Bistro, fallen sie erst auf den zweiten oder dritten Blick auf, manchmal nehmen sie den Blick sofort gefangen.

Einen Raum gibt es allerdings, der als DAS Bücherzimmer schlechthin gelten muss,

und es ist kein Wunder, dass dieser Teil des Ladens den ersten größeren Umbau erfuhr, nachdem Horst Lichter die Halle erworben hatte. Er brauchte schlicht und ergreifend Platz für seine Bücher. Nach dem Eingang zweimal scharf rechts, rauf auf die Treppe, vorbei an so mancher Geschichte, steht man in eben jenem Raum, der zu den Zeiten des Mini-Fernsehers die Formel-1-Gemeinde aufnahm. Von hier haben sich die Büchermengen über den gesamten Laden ausgebreitet, und meistens waren es keine Einzelstücke, die die Sammlung erweiterten.

WIE HORST UND DIE OLDIETHEK EINEN BROCKHAUS „ERBEN"

Wenn Horst Lichter für die Oldiethek Büchernachschub bekommt, findet das zumeist in nicht handelsüblichen Mengen statt. Kistenweise, wie in einem Antiquariat, sucht sich vom Taschenbuch bis zum 1.000-Seiten-Schinken alles seinen Weg in die Oldiethek, was Bücherfreunde erfreut. Und manchmal steht auch einfach nur ein Stapel vor der Eingangstür.

Hinter jenem Stapel, von dem hier die Rede ist, stand allerdings noch eine ältere Dame. Sie habe gehört, dass Horst Lichter auch Büchern in der Oldiethek eine Heimstatt gewähren würde. Und sie wolle ihm deshalb etwas schenken.

Horst guckt auf die freundliche Dame, guckt auf den Stapel Bücher, guckt wieder auf die Dame. „Wenn ich das richtig sehe, ist das ein echter alter Brockhaus!?" Die schweren, dicken Bände beeindrucken ihn sofort. „Jawohl, MEIN alter Brockhaus, und nun möchte ich gerne, dass SIE ihn bekommen."

Horst ist gerührt, ziert sich jedoch, das Angebot anzunehmen. „Eine vollständige Brockhaus-Enzyklopädie von 1894, die ist ja schließlich einiges wert. Da konnte ich ja nicht einfach sagen: Okay, gib her, nehm ich."

Also versucht er, die Bücherspenderin in spe von ihrem Vorhaben abzubringen.

„Gnädige Frau, das is' sehr lieb von Ihnen, aber ich kann das nicht annehmen, die Bücher sind viel zu wertvoll."

Die gnädige Frau denkt aber gar nicht daran, aufzugeben.

„Ich möchte sie Ihnen schenken, bei Ihnen sind sie am besten aufgehoben."

Horst verzweifelt so langsam an ihrer Hartnäckigkeit.

„Gnädige Frau, ich kann das nicht annehmen, so ein Brockhaus ist doch ein Vermögen wert. Aber ham Sie denn niemanden in der Familie, dem Sie diese wertvollen Bücher vermachen können?"

Treffer versenkt, bei der Erwähnung der Familie verzieht sich das Gesicht der alten Dame zu einem müden Lächeln.

Ihre Großmutter, erfährt Horst, habe das Lexikon einst gekauft und deren Tochter, die Mutter der alten Dame also, habe es in den Wirren des Ersten Weltkrieges geschafft, das vielbändige Werk unbeschadet zu bewahren.

Im Zweiten Weltkrieg schließlich habe sie selbst die Bücher unter einem Kohlenvorrat versteckt und ebenfalls vor dem Diebstahl bewahrt.

„Meinen Kindern kann ich das alles aber nun nicht überlassen, die haben überhaupt keinen Sinn für Bücher und regen sich nur darüber auf, dass das Lexikon stinken würde.

Und meine Enkel interessiert nur, was die Bücher wert sind, die würden sie sofort ver-
kaufen, wenn ich unter der Erde bin.“

Bei Horst Lichter, das weiß sie, sind die vielen Bände vergangenen Wissens vor den
Barbaren sicher, sowohl vor fremden als auch vor denen in der eigenen Familie. Und
deshalb soll es hier und NUR hier stehen, davon lässt sie sich nicht mehr abbringen,
auch, wenn Horst noch ein, zwei schüchterne Versuche unternimmt.

Schließlich kapituliert er, könnte heulen vor Rührung und vor Freude über diese tol-
len Bücher und vor allem über den Vertrauensbeweis. Bis heute kann jeder Oldiethek-
Gast in diesem Lexikon nachschlagen und über den Wissensstand von vor weit über
hundert Jahren staunen, der da meter- und kiloweise im Regal steht.

„DAS IST DOCH NICHT MAL EINE TONNE!"

Die mit Sicherheit dümmste Frage, die man jemanden stellen kann, der viele, sehr viele Bücher besitzt, ist: „Hast du die alle gelesen?" Horst Lichter pflegt dann bisweilen zu antworten: „Nein, aber geschrieben!" Die vielleicht zweitdümmste Frage, die man so jemandem stellen kann, lautet allerdings: „Wie viele Bücher hast du denn?" Genau das fragt ihn jedoch der Moderator der NDR-Talkshow, als Horst dort zu Gast ist, und dieser überrascht mit der Antwort, denn er braucht in diesem Fall keine Ironie, sondern kann einen exakten Wert angeben: „18 Tonnen." Moderator und Gäste sind perplex, zwar verkaufen manche Buchhandlungen schon mal alte Bücher nach Gewicht, das Kilo zu drei Euro, aber dass einer die Größe seiner eigenen Bibliothek in Tonnen angibt, hat noch keiner vorher erlebt. Also muss er erzählen, woher er das so genau weiß, und das geht so …

„Als ich die Halle gekauft hatte, hab ich als Erstes das Bibliothekszimmer gebaut, ich brauchte ja Platz für all meine Bücher und Zeitschriften. Die waren mir nur viel zu schwer und zu viel, um die alle alleine da hoch zu schleppen." Horst organisiert mal wieder ein paar Kumpels zum Kistenschleppen, und einer davon will schon vorher wissen, ob ein lauer Nachmittag oder richtig Plackerei auf dem Programm steht. „Wie viel is' das denn, Horst?" „Och", sagt der, „das is' schon so einiges", und weil er schon damals keine

Stückzahl angeben kann, schätzt er einfach mal: „Zwei Tonnen sind das mindestens ..." Der Kumpel kommt, sieht die Kisten, macht eine wegwerfende Handbewegung: „Nie im Leben, das ist doch nicht mal EINE Tonne!"

Er ist sich sicher, Horst auch, klassischer Ausgangspunkt für eine schöne Wette: Der Kumpel soll für jeden Zentner über seiner geschätzten Tonne eine Stunde für Horst im Laden arbeiten. Er schlägt sofort ein, Horst geht zur Genossenschaft in Rommerskirchen und leiht sich dort eine große Waage, auf die sie jede einzelne Kiste stellen, bevor sie ihren Weg in die Bibliothek antritt. Nach knapp der Hälfte der Kisten ist der Kumpel ziemlich blass, und Horst nur noch am feixen. Das Gewicht der Kisten reicht jetzt schon aus, damit Horst auf lange, lange Zeit eine billige Arbeitskraft im Laden zur Verfügung hat. „Wir haben die Wette dann abgeblasen, der arme Kerl wäre sonst nie mehr aus der Oldiethek rausgekommen. Mit dem Endgewicht hatte ich aber auch nicht gerechnet." 18 Tonnen Bücher schleppen sie an diesem Tag in die erste Etage über dem Eingang, und Horst Lichters Freude an Büchern wird immer noch größer ...

Mittlerweile mag so manche Tonne zu den 18 dazugekommen sein, ganz besonders gerne erinnert sich Horst aber an eine Geschichte, die zunächst eher nervig beginnt.

EIN SCHATZ FÜR DIE SAMMLUNG

Horst Lichter und Bücher, das passt von Anfang an wie die Faust aufs Auge. Der Fernsehmensch Horst ist eigentlich ein Büchernarr, die Oldiethek wahrscheinlich die größte Bibliothek von Rommerskirchen.

Alles hat für ihn mit Phantasie zu tun, mit dem, was sich im Kopf abspielt. „Deine Phantasie, dein Geist, der kann ja alles machen im Leben, der ist ja das Wertvollste, was du hast. In Büchern kannst du verreisen, ohne, dass du einen Cent in der Tasche hast! Das ist doch genial!"

Das passt genauso auch auf den Laden, und es ist vielleicht kein Zufall, dass das Bücherzimmer ganz zu Beginn in die Oldiethek eingezogen ist. Bücher schaffen Gegenwelten zur Realität, lassen für einen bestimmten Zeitraum Sorgen und Nöte in den Hintergrund treten. Sie schaffen also genau das, was der Laden auch immer wieder schafft, wenn Gäste sich dort wie auf einer Insel oder im Urlaub fühlen.

Die NDR-Sendung hat für Horst den Effekt, dass alle Welt nun mitbekommen hat, dass er Bücher liebt. Tage später bekommt er einen Anruf, aber es ist nicht wie damals beim Friseursalon oder den Kaffeekannen, dass ihm unbedingt einer was verkaufen oder schenken will. Dieser Anrufer möchte kaufen. Bücher nämlich, Bücher aus der umfangreichen Sammlung in der Oldiethek.

„Guten Tag, ich möchte Sie fragen, ob Sie Bücher verkaufen."

„Nein, ich verkaufe keine Bücher."

„Sie haben doch so'ne große Sammlung, Sie wissen doch selbst gar nicht, was Sie da alles haben."

„Ich verkaufe keine Bücher."

„Aber ich war neulich mal bei Ihnen und habe ein paar Exponate gesehen, die mich wahnsinnig interessieren."

Lichter wird langsam ungehalten.

„Ich VERKAUFE KEINE Bücher!"

Der Mann bleibt hartnäckig, bohrt weiter, bis Horst nach fast zwanzig Minuten der Kragen platzt und er das Gespräch abrupt beendet, „weil der mir richtig auf den Sack gegangen ist."

„Ich verkaufe definitiv keine Bücher, und es wäre wunderschön, wenn wir jetzt das Telefonat beenden könnten." Er kann sich kaum beruhigen, empfindet die Hartnäckigkeit des Anrufers fast als Beleidigung. „Von meinen Büchern welche zu verkaufen, wäre für mich Seelenverkauf. Das würde ich nie übers Herz bringen, egal, ob ich sie gelesen habe oder nicht."

Zwei Tage später hat er das Gespräch fast schon wieder vergessen, als während der Vorbereitungen für den abendlichen Restaurantbetrieb ein Mann den Laden betritt.

Gast kommt rein, begrüßt Horst Lichter.

„Schönen guten Tag, Herr Lichter, wir beide haben telefoniert."

Horst führt seine Essensvorbereitungen fort.

„Kann sein, worum geht et denn? Ich telefoniere schon mal häufiger."

Gast kommt näher.

„Ja, ich wollte Bücher kaufen ..."

Horst glaubt, er hört nicht richtig.

„Passen 'se mal auf, das find ich jetzt SEHR mutig, dass Sie hier hinkommen. Ich hab Ihnen doch am Telefon gesagt, ich VERKAUFE KEINE Bücher!"

Gast bleibt ruhig, lächelt.

„Ja, schon klar, das weiß ich ja jetzt. Deswegen hab ich Ihnen da auch mal was mitgebracht."

Horst ist der Verzweiflung nahe, der Knabe treibt ihn zum Wahnsinn.

„Ja, wat denn??"

Gast lächelt immer noch.

„Kommen Sie mal mit raus ..."

Horst geht mit, ist mittlerweile total verwirrt von dem freundlich lächelnden Mann. Draußen steht ein Kleinbus, die Türe geht auf, der ganze Wagen voller Kisten. Bücherkisten.

„So, Herr Lichter, das is' die Bibliothek von Lore Lorentz. Die können Sie haben. Ich musste nur im Vorfeld sichergehen, dass Sie die Bücher niemals verkaufen würden."

Horst guckt den Mann an wie das achte Weltwunder, dann beginnt er zu begreifen, welcher Schatz ihm da gerade angeboten wird. Lore Lorentz, die Gründerin des berühmten Düsseldorfer Kommödchens, die Grande Dame des deutschen Kabaretts. Und er kann ihre Bibliothek haben. Einfach so. Wahnsinn!

Sie packen die Kisten gemeinsam aus, und Horst sichtet später deren kompletten Inhalt. Ein Buch

nach dem anderen nimmt er in die Hand und ist tief berührt. „Da waren unfass-

bar viele Bücher dabei, die von Schauspielerkollegen signiert waren, von Willy

Millowitsch zum Beispiel. Oder auch Preise, die sie gewonnen hatte. Ein richtiger

Bücherschatz, den ich da durch einen dieser verrückten Zufälle gehoben hatte."

Die gesamte Lorentz-Bibliothek steht heute über die Oldiethek verteilt in den

Regalen, und nie im Leben würde Horst sich auch nur von einem einzigen Stück

trennen. Unter ganz besonderer Aufsicht stehen dabei ganz spezielle Bücherschätze.

Und die stehen im Bibliothekszimmer …

EIN PERFEKTES BILD

Direkt unter dem Dach der Oldiethek sind hier die Wände mit Büchern gepflastert, jedes einzelne gut für eine eigene Geschichte. Allerdings wird der Blick gleich nach dem Eintreten noch von etwas anderem gefangen genommen. Mitten in der Regalwand hängt ein Bild, ein riesiges Bild, die Ausmaße erinnern an die Dino-Bilder. Hier gibt's allerdings kein Skelett zu sehen, sondern Fleisch. Weibliche Kurven, betont durch schwarze Dessous, ein hübsches Nichts gewissermaßen, das zunächst den Blick davon ablenkt, was auf dem Bild noch zu sehen ist: Bücher nämlich. Madame sitzt inmitten von Büchern, hält eines aufgeschlagen in der Hand, die elegante Brille auf ihrer Nase unterstützt die Verbindung, die Erotik und Intellekt hier eingegangen sind.

„Die musste hier unbedingt rein, die wollte ich einfach haben", Horst Lichter ist immer noch begeistert von der Dame, so wie ganz am Anfang, als sie noch nicht die seine war. „Das Bild gehörte einem Düsseldorfer Modedesigner und Fotografen, und das Beste daran ist: Das ist seine Frau da auf dem Bild. Ich hab's gesehen und wollte es haben. Sofort. Aber der Typ hat nein gesagt."

Aber Horst wäre nicht Horst, wenn er sich damit zufrieden gäbe. Er fragt weiter nach, immer wieder. Jedes Mal, wenn er mit dem Besitzer von Bild und Frau zu tun hat, nervt er ihn. Doch genau so oft holt er sich eine Abfuhr. „'Du willst doch bloß auf den Arsch meiner Frau gucken!', hat der immer gesagt."

Monatelang zieht sich das hin, selbst der Berufsoptimist Horst glaubt irgendwann nicht mehr daran, sich das Bild noch angeln zu können. Dann, wie aus dem Nichts, ein Anruf: „Horst, du hast ein Bild bei mir bestellt, jeden Tag, den ich das hier länger lagern muss, kostet dich 50 Pfennig!" Horst fackelt nicht lange, fährt hin, lädt die Dame ins Auto und karrt die mondäne „femme fa-

tale" von der Großstadt in ihr neues Domizil in der Provinz. In der Oldiethek hat er noch gar keinen Platz für die Dame, es ist wie so oft, er hat erst zugeschlagen und fängt dann an, nachzudenken, was er mit der Neuerwerbung machen soll. Schließlich schleppt er das Riesenbild hoch ins Bücherzimmer und macht da Platz.

Das Bücherstillleben mit Po hängt er genau in die Mitte des größten Bücherregals, drumherum Bücher, Bücher, Bücher. Wer es heute dort sieht, kann nicht glauben, dass es jemals woanders gehangen hat, und die Erotik, die es ausstrahlt, passt so gut zur Erotik der Bücher.

EIN BH UND KEINE GESCHICHTE

Dass Horst Lichter auch mal eine Geschichte nicht erzählt, ist eigentlich kaum zu glauben. Schließlich tut er nichts lieber, als jeden Gegenstand im Laden durch eine ausführliche Erzählung gebührend zu würdigen. Und doch passiert das Unglaubliche: „Nein, diese Geschichte werde ich nicht erzählen."

Plötzlich schweigt des Sängers Höflichkeit. Anlass ist ein leuchtend roter Büstenhalter, der eigentlich ganz unverfänglich nah dem Lichter'schen Ofen an der Decke hängt. Kein Drängen, kein Bitten kann ihn dazu bewegen, sich die Geschichte dieses aparten Wäschestücks entlocken zu lassen, er bleibt hart und lässt lieber wilde Spekulationen über erotische Hintergründe ins Kraut schießen.

Dass ihm die Erotik wichtig ist, daran kann es keinen Zweifel geben. „Wenn ich mal länger nicht da war und dann wieder in den Laden komme, ist das für mich wie eine kleine Welt in der großen. Da ist alles drin, was es in der richtigen Welt auch gibt. Und dazu gehört eben auch Erotik und Sex."

Wer aufmerksam durch den Laden geht, kann viele kleine Details von der frivolen Seite des Lebens entdecken. Hier eine kleine Dominafigur als Stifthalter, dort ein Apfel oder eine Paprika, die als erotisches Kunstwerk gestaltet sind. Nicht zu vergessen die kopfüber im Barschrank hängende Dame, die äußerst spärlich bekleidet den Blick von Gläsern und Tassen im Schrank ablenkt. Besonders niedlich, weil so unaufdringlich und nett über den Laden verteilt, sind viele kleine Aktfotos aus den zwanziger und dreißiger Jahren in hübschen historischen Rähmchen.

Sexy ist die Oldiethek also in vielerlei Hinsicht, allerdings „nie anrüchig, nie so offensichtlich, wie es heute oft in der Werbung oder den Medien der Fall ist, wo man damit zugeballert wird." Immer bleibt ein kleines Geheimnis, immer kann der Betrachter seine eigenen Gedanken spielen lassen und muss sich nicht bedrängt fühlen.

Was es allerdings mit dem roten BH auf sich hat, wüsste man bei aller erotischen Verschwiegenheit dann doch ganz gerne, aber Horst lächelt alle Bemühungen und Nachfragen locker weg. „Vielleicht, aber auch nur vielleicht, erzähle ich die Geschichte irgendwann doch einmal. Aber jetzt ist noch nicht die Zeit dafür."

Zeit für Erotik ist in der Oldiethek aber allemal. Und sei es nur – bei einer Pinkelpause ... Denn: Sind Sie auf dem Klo schon einmal direkt von ein paar nackten Brüsten begrüßt worden? Tja, in der Oldiethek geht auch das.

KLO-EROTIK. ODER: BRÜSTE MODELLIEREN FÜR DIE MIETE

Der Kaffee ist gut in der Oldiethek. Da kann man schon mal einen von trinken, oder auch zwei, ohne dass man auf den Tischen tanzt. Spätestens beim dritten fordert aber auch beim geübtesten Kaffeetrinker der Körper sein Recht, die Blase meldet sich, der Gang zum stillen Örtchen kann nicht mehr länger aufgeschoben werden, egal, was es im Laden grad Interessantes zu sehen gibt.

Wer dann also seinem Bedürfnis nachgeben muss und sich für die Toiletten vorne beim Eingang entscheidet, vergisst glatt, was er eigentlich hier wollte. Wohlgeformte Brüste blitzen auf dem Herrenklo aus einem tiefblauen Meer, ein nicht minder wohlgeformter Hintern reckt sich keck dem Betrachter entgegen, und auf dem stillen Örtchen selbst ragen zwei unendlich lange Beine aus der Wand. Nicht minder erotisch geht es auf dem Damenklo zu.

„Früher waren das ganz normale Klos, viereckig, langweilig und trist. Wie so'n Klo halt ist." Horst Lichter erinnert sich ganz genau an die Entstehung dieser Klo-Kunst.

„Ein Freund versuchte sich zu der Zeit als Künstler zu etablieren, der hatte bei mir sogar 'ne eigene Ecke, um sich künstlerisch auszulassen. Der hatte eine riesige

Kreativität, nur eins hatte der nie: Geld. Wie das bei Künstlern halt oft so is'…"

Horst unterstützt den Mann, wo er kann, nimmt immer mal wieder ein Bild ab und zahlt ihm damit quasi die Monatsmieten seiner bescheidenen Bleibe in Köln. „Wenn ich wieder ein Bild gekauft hatte, hörte ich immer nur: Das is' eine Miete, das sind zwei Mieten …" Horst ist es recht, ihm gefallen die Bilder, der Kumpel hat ein Dach überm Kopf.

So geht das eine Weile, bis die Mietprobleme des Kumpels doch drängender werden. Andere Ideen müssen her, und Horst überlegt. Dann hat er's: „Hör zu,

meine Toiletten da vorne, die sehen traurig aus. Ich würd mal sagen: Wenn du die hinkriegst, haste ein Jahr mietfrei."

Strahlendes Künstlerge-sicht, „boah, Horst, super, abgemacht, ich mach dir klasse Toiletten."

Nun sind Künstler in der Regel Menschen, die mit dem Chaos per du sind, nicht anders bei Lichters Kumpel. „Das Ganze wuchs sich zu einem Drama aus.

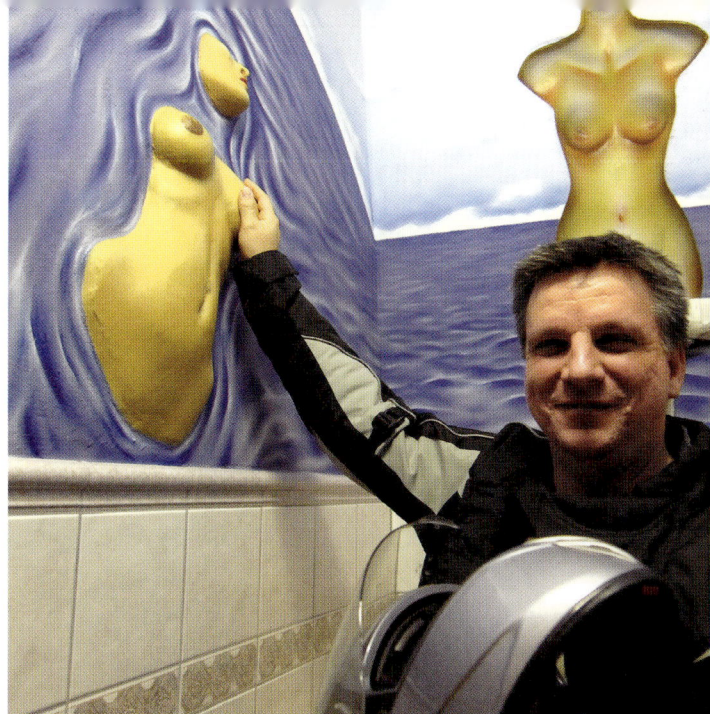

Ich brauchte ja die Toiletten für den normalen Betrieb, das sollte also keine größere Aktion werden. Was macht mein Freund? Erstmal die Herrentoilette zur Baustelle, und zwar für acht Monate. Mein Schatz kriegte die Krise ...“

Acht Monate lang sind die Oldiethek-Besucher auf die wenigen anderen Toiletten angewiesen, vorne staubt es und kracht es. Und das Beste ist: „Keiner durfte gucken gehen, bevor das Werk nicht vollendet war, das nahm der total ernst, ein echter Künstler eben ...“

Die künstlerische Vollendung der Damentoilette dauert dann exakt so lange, bis das mietfreie Jahr vollendet ist. „Besser wär gewesen, er wär gleich in die Toiletten eingezogen ...“

Aber Toiletten sind natürlich nicht zum Wohnen gedacht, anders als Wohnwagen. Aber was hat nun wieder ein Wohnwagen mit diesem verrückten Laden zu tun? Nun, viel, sehr viel.

WAS'N ZIRKUS MIT DEM WAGEN ...

Wir schreiben die Anfangszeiten der Oldiethek. Der Laden hat noch lange nicht seine heutige Größe, Horst Lichter brutzelt noch überwiegend Pfannkuchen für die Motorradfahrer und ein paar andere Gäste. Aber er hat schon Erweiterungspläne. „Da kam immer ein guter Freund mit seinem MG-Club, die speisten dann bei mir, und dem hab ich dann erzählt, das ich so'n bisken vergrößern wollte, aber noch nicht wüsste, wie und was."

„Ich hätt da noch einen alten Zirkuswagen ...", sein Kumpel spricht die Worte aus, ohne groß drüber nachzudenken, aber Horst guckt ihn begeistert an. „Geile Idee, das könnt doch was für mich sein. Dass du mir den nicht vorher verkaufst!"

Ganz so enthusiastisch ist sein Kumpel dann aber nicht, der Wagen ist alt, steht ohne Fahrgestell als Gartenlaube bei ihm daheim und ist mittlerweile von großen Bäumen zugewachsen. Anders gesagt: Die Natur hat ihn sich eigentlich längst geholt.

Horst ist trotzdem hin und weg von der Idee, einen ganzen Wohnwagen in die Oldiethek einzubauen. Er packt seine damalige Frau ein und fährt mit ihr in die Eifel, wo der Kumpel idyllisch mit Familie, Oldtimern und Zirkuswagenlaube wohnt. Als die beiden dort ankommen, versteht Lichter die Zurückhaltung seines Kumpels.

Viel ist nicht mehr von der alten Herrlichkeit geblieben, der Wagen ist halb vermodert und als Ganzes unbrauchbar. Aber die Begeisterung siegt: „Ich hab ihm 500 DM für die Reste gegeben und mich an die Arbeit gemacht. In der Eifel abgebaut, in Butzheim wieder aufgebaut. Heute

siehste ja kaum noch, dass das ein Zirkus-Wohnwagen ist."

In der Tat, wenn man es nicht weiß, kommt keiner der Restaurantgäste auf die Idee, dort zu sitzen, wo beinahe Generationen von Künstlern des berühmten Zirkus Roncalli gesessen hätten. Denn genau dort sollte dieser Wagen eigentlich landen, wie Horst von seinem Kumpel erfährt. Genauer gesagt: bei Bernhard Paul, dem Direktor des Zirkus Roncalli.

„Roncalli war ja nicht immer so groß wie heute, der Bernhard Paul hat mal ganz klein angefangen. Und war zu der Zeit ein Freund meines Kumpels Horst, der sich gerade besagten Zirkuswagen zugelegt hatte."

Paul ist ebenfalls scharf auf den Wagen, versucht, seinen Freund dazu zu bewegen, ihm das Gefährt zu überlassen. Und dann passiert mal wieder etwas, was sich unter die vielen verpassten Gelegenheiten im Leben einreihen lässt. Bernhard Pauls Lust auf diesen Wagen ist so groß, dass er Horst' Kumpel kurzerhand eine Beteiligung an seinem Zirkus anbietet, wenn der sich nur von seiner Neuerwerbung trennt. Allerdings hat Roncalli zu der Zeit noch nicht viel mit dem namhaften Unternehmen von heute zu tun. Ein paar Künstler springen dort rum, ein unterernährter Löwe, das ist schon fast der ganze Zirkus.

Zukunftsperspektive? Naja. Der Kumpel schlägt das Beteiligungsangebot aus und behält lieber seinen Zirkuswagen. Ein schlechtes Geschäft, wie er später merkt, aber da braucht Paul weder seinen Wagen noch seine Beteiligung.

Pech für den Kumpel, Glück für Horst, der halb verfallene Wohnwagen steht sein halbes Leben in einem Garten und wird nun Stück für Stück nach Butzheim transportiert. Wie weit der Verfallsprozess bereits fortgeschritten ist, merken sie beim Abbauen. „Die Rückwände standen direkt an den Bäumen, die waren voller Ungeziefer und total verfault. Zu nix mehr zu gebrauchen."

Schon gar nicht, um sie irgendwo anders wieder aufzubauen. Die eine Seite ist noch gut, die Front, auch die Fenster. Und vom Dach kann auch noch ein Rundbogen gerettet werden. Der Rest: Verfall. „Im Prinzip hatt' ich für 500  Mark verfaulte Bretter gekauft." Horst also mal wieder in seinem Element. Immer das machen, was 99 Prozent der anderen Leute für total bescheuert halten würden.

Vielleicht muss er auch damals diesen Wagen einfach haben. Um sich treu zu bleiben. Ihn nicht zu nehmen, weil nicht mehr viel davon übrig ist, wäre normal gewesen. Aber was ist schon normal an Horst Lichter?

Also karren sie die kläglichen Überreste des einst stolzen Zirkuswagens zur Oldiethek. Wochenlanges Schleifen, Abbeizen und Bearbeiten folgt, übrig bleiben schließlich eine Wand und zwei Fronten. „Das konntest du nicht wirklich als Raum aufbauen, also musste wieder eine Lösung her. Wir brauchten schlicht Balken und Bretter!"

Kollege Zufall hilft auch dieses Mal. Ein Bekannter sieht die Wohnwagen-Teile bei Horst rumstehen, ahnt deren Zweck, weil er Lichter kennt, und weist ihm den Weg nach Euskirchen. Da reißt die Firma des Bekannten gerade eine alte Mühle ab, jede Menge ordentlicher Balken und Bretter gibt's da zu holen, die für den Einbau des Wagens perfekt verwendet werden könnten. „Ich hab also nicht lange gefackelt, Lkw organisiert, bin da nach Euskirchen raus und wollte mir das Material holen."

Als er bei besagter Mühle ankommt, sind allerdings weit und breit weder Balken noch Bretter zu sehen. Horst betritt die Mühle, fragt einen Mann, der dort arbeitet, ganz höflich, wo er sich denn sein Holz abholen könne, das wär doch alles besprochen. Die Antwort lässt ihm erstmal die Gesichtszüge entgleisen: „Ja, Jung, kannste alles haben, was hier drin is'. Musste nur selbst ausbauen ..."

„Da war nix abgerissen und lag auf'm Haufen – alles noch drin in der blöden Mühle, und ich steh da alleine, ohne Werkzeug, wie doof." Er fährt wieder nach Hause, die typische Horst-Maschinerie läuft an: „Ich hab sofort ein paar Kumpels zusammengetrommelt, die da mit mir hinfahren sollten. Das ist ja das Großartige, ohne dass es den Laden gar nicht geben würde: Immer wieder haben mir Menschen geholfen!"

Da ist sie wieder, die Schumacher'sch-Lichter'sche Demut, nicht zu vergessen, dass das Leben einen immer wieder beschenkt.

Vier Mann sind schnell vor Ort, ab geht's nach Euskirchen und dann der Mühle an den Kragen. Sie schuften den ganzen Tag und karren schließlich Unmengen Baumaterial nach Butzheim. „Alles, was heute in diesem Teil des Ladens, in dem alten Zirkuswagen, an Brettern verbaut ist, die ganze Deckenkonstruktion zum Beispiel, all das stammt aus dieser alten Mühle."

Der Beweis hängt gleich über dem Eingang, ein Balken, auf dem der Name der Firma eingraviert ist, die die Mühle einst errichtete. „G. Luther. Aktiengesellschaft Braunschweig. Maschinenfabrik und Mühlenbauanstalt, gegründet 1846" ist da zu lesen.

Was Horst an dem Zirkuswagen besonders fasziniert, ist, dass sich hier verschiedene Geschichten überkreuzen. „Dass der Bernhard Paul den mal haben wollte, dass er aber gleichzeitig bei meinem Kumpel als Gartenlaube fungierte. Und dass er dann hier in der Oldiethek als Raum wieder aufgebaut werden konnte, weil ich die Bretter dieser alten Mühle bekommen habe. All das sind eigentlich eigene Geschichten, die alle zusammen wieder eine neue ergeben. Und das ist eigentlich auch das Geheimnis der Oldiethek."

„Mama, hier gibt's ja viel mehr Spielsachen als bei uns zu Hause!"
(Sechsjähriger Steppke erstaunt zu seiner Mutter)

Ein Prosit
der „Jemütlichkeit"

Sowas wie die Oldiethek gibt's kein zweites Mal. Sie ist kein Restaurant wie andere Restaurants, kein Café wie andere Cafés, kein Laden wie andere Läden. Eigentlich ist sie eine Weltanschauung, Horst Lichters Weltanschauung, und das Verblüffende ist, dass so viele Menschen sich in dieser Weltanschauung wiederfinden. Es verlässt keiner die Oldiethek, in dem nicht in diesem Moment selbst auch ein Stück Oldiethek wäre. Je länger sich ein Besucher im Laden aufhält, desto mehr wird er selbst Bestandteil des Ladens! Und schon manch einer hätte sich am liebsten abends hier einschließen lassen, um nicht wieder in die feindliche Außenwelt zurückzumüssen.

Da spielen sich ergreifende Szenen ab, etwa bei einem Pärchen mittleren Alters, die sich schon eine ganze Weile durch die Gänge haben treiben lassen und bei denen er nun den baldigen Aufbruch vorschlägt. Die Miene seiner Begleiterin verfinstert sich augenblicklich. „Jetzt sind wir endlich hier, jetzt nehmen wir auch alles mit!" Klingt wie ein Befehl, ist wahrscheinlich auch so gemeint.

Hier bestätigen sich die Klischees über Männchen und Weibchen. Erstere bestaunen die technischen Leckerbissen, die Kreidler, den Matra, den Dino, vielleicht noch die eine oder andere Kamera. Dann ist die Aufnahmekapazität erschöpft, Festplatte voll, game over. Bei der Dame sieht das anders aus. Hier ein Kännchen, da ein Buch, dort ein Bild. Oder eben die Schaufensterpuppe mit Petticoat ... Frauen stürzen sich auf die hübschen Kleinteile und haben dementsprechend länger was zu sehen. Und weil sie das sprechende Geschlecht sind, haben sie auch mehr dazu zu erzählen, während er in stummer Bewunderung vor den fahrbaren Untersätzen verharrt und stiller Genießer bleibt.

Klischee? Vielleicht da draußen, in der Welt der Gleichmacherei. Hier drinnen jedenfalls darf jeder er und sie selbst sein, ein Gefühl, dass die Außenwelt den meisten vorenthält. Die Oldiethek taugt als Ersatzwelt, lädt ein zum Untertauchen und Zerfließen.

„Das is' hier so jemütlich, ich könnt' hier ewig sitzenbleiben." Die das sagt, sieht eigentlich nicht so aus, als ob es sie lange an ein und demselben Platz halten würde. Schwarze Lederkluft, wind- und wettererprobtes Gesicht, den Zündschlüssel wie immer direkt neben dem dampfenden Kaffee vor sich auf dem Bistrotisch liegend. Eine von unzähligen Bikern, die bis heute gerne bei den Wochenendtouren Station in der Oldiethek machen und damit die lange Tradition der Motorrad-Enthusiasten fortsetzen, die zur Geschichte des Ladens dazugehören.

Den kleinen Parkplatz direkt vor der Oldiethek jedenfalls kann man als Autofahrer ohnehin spätestens eine halbe Stunde nach Öffnung am Samstag und Sonntag vergessen. Da reiht sich Yamaha an Honda, BMW an Harley, und auch für die eine oder andere Vespa ist immer noch Platz genug. Autofahrer haben hier von vornherein den Kampf verloren, dieser Ort gehört den zweirädrigen Geschossen und ihren Lenkern. Und die bringen meistens viel Zeit mit auf ihren Ausfahrten, mehr als jeder von ihnen im Alltag in einem normalen Café oder Bistro zubringen würde.

Ob wohl einem von ihnen die riesige Kirchturmuhr aufgefallen ist, welche die Front des Oldiethek-Gebäudes ziert? Die müsste nach dem Abstellen des heißen Ofens auf dem Parkplatz als Erstes ins Auge fallen, noch vor dem Betreten der heiligen Halle.

Was hat die nun bloß wieder hier zu suchen?

Eine Kirchturmuhr als erneuter Verweis auf die Pilgerstätte Oldiethek?

Oder wie? Oder was?

10. OLDTIMER-RALLYE MÖNCHENGLADBACH
MSC Wickrath 1930 e.V. i. ADAC
IN MEMORIAM
HORST-PETER DAHMEN
25. April 1999

EINE UHR
AUS FRANKFURT

Über die Verbindung zwischen Uhren, Zeit und der Oldiethek ließe sich viel philoso-
phieren. Nicht zuletzt darüber, dass die Zeit stillzustehen scheint, wenn man sich als
Gast im Laden niedergelassen hat.

Horst Lichter ist ein Fan von Zeitmessern. Er mag Uhren. „Eine Uhr, das ist für mich
sichtbar gemachte Zeit."

Auch Horst wird schnell philosophisch, wenn er über seine Schwäche für Uhren aller
Art nachdenkt. Auf wertvolle Einzelstücke kommt es ihm dabei wie immer nicht an,
die Geschichte, das damit verbundene Gefühl zählt. „Ich hab noch die alte Taschenuhr
von meinem Papa. Materiell ist die nichts wert. Aber et is' die Uhr von meinem Papa.
Für nix in der Welt würde ich die hergeben."

Ähnlich wie bei den Kaffeekannen, hat sich irgendwann auch seine Schwäche für
Uhren rumgesprochen, so dass Horst schon mal die eine oder andere geschenkt oder
angeboten bekommt. Dann jedoch ruft ihn einer an und übertrifft alles, was dem
Uhren-Fan Horst Lichter bis dahin untergekommen war.

„Herr Lichter, Sie sind doch der Uhrensammler."

„Ich sag: Naja, ich mag Uhren, stimmt schon."

„Ich hätt da mal 'ne Kirchturmuhr für Sie …"

Horst ist perplex, 'ne echte Kirchturmuhr hat selbst ihm noch keiner angeboten, und

das will bei all den Kuriositäten in der Oldiethek schon was heißen. Er fragt genauer nach, der Anrufer erzählt ihm, dass an einer Frankfurter Kirche gerade gearbeitet werde und der Kirchturm neue Zifferblätter bekommen solle. Und eins von den alten wär doch was für den Laden.

„Wollen Sie die Uhr haben?"

„Du, da hab ich noch nie so wirklich drüber nachgedacht, ob ich 'ne Kirchturmuhr haben möchte. Die is' ja dann doch so'n bisken groß ..."

„Aber ich war schon oft bei Ihnen im Laden, die würde da richtig gut reinpassen!"

„Was soll die denn kosten?"

500 DM will der Turmuhrenmann haben, das scheint Horst für so ein Gerät nicht zu viel verlangt. Transport wird auch geregelt, irgendwelcher Ärger ist also nicht in Sicht, daher sagt er: „Ich kauf die, bring mal her die Uhr!"

Es passiert ... das Übliche. Zeit vergeht, Horst verdrängt über andere Sachen Telefonat, Anrufer und Uhr und kümmert sich um anderes.

Mittlerweile ist einige Zeit vergangen, es ist Sommer, schönes Wetter, gut gelaunte Gäste sitzen am frühen Abend bei Horst im Restaurant, warten auf ihr Essen. Alles scheint normal, als plötzlich ein junger Mann durch die offenstehende Tür den Raum betritt. „Der hatte 'nen Blaumann an, leicht verdreckt, und fragte nach mir."

„Ist das hier richtig bei Lichter?"

„Ja. Was is'?"

„Ich hab die Kirchturmuhr bei. Kann mir mal einer helfen, die reinzutragen?"

Horst guckt ihn an, denkt, „wo kommt der denn plötzlich her?"

„Jung, ich bin am Kochen, ich kann dir jetzt nicht helfen. Stell das Dingens doch einfach vorn in den Laden, ich geb dir die Kohle und gut is' ..."
„Ja, mir muss aber einer helfen!"
„Jung, das jeht jetz nicht ..."

„Das Bild, das sich mir dann bot, vergess ich im Leben nicht."

Kurz, nachdem er rausgegangen war, kommt der Turmuhrtransporteur wieder rein. Auf der Schulter: einen riesigen Zeiger, den er Horst vor versammelter Mannschaft vor die Füße stellt. *„Das is' der KLEINE. Wer kann mir jetzt HELFEN?"*

Die Restaurantgäste haben inzwischen richtig Spaß, und vor allem sind sie neugierig geworden. Spontan stehen ein paar von ihnen auf und erklären sich bereit, mit anzupacken. Und so rollen Transporteur und Gäste schließlich die Kirchturmuhr aus Frankfurt am Main in Butzheim am Rhein in Lichters Laden.

Da steht sie nun, „und so'ne Kirchturmuhr is' ja doch was größer, wenn du direkt daneben stehst, als wenn du das Ding irgendwo da oben hängen siehst." Irgendwann

ist der Transporteur weg und die Uhr steht noch immer da, wo er sie hingestellt hat. Irgendwie im Weg nämlich. Horst weiß aber schon, wo er sie hinhaben will, an seinen persönlichen Kirchturm, an den Giebel der Oldiethek. Nur: Wie kommt die Uhr dahin?

Horst wäre nicht Horst, wenn es nicht auch dafür Kumpels gäbe. Er ruft Matthias

Wasel an, Sohn des Rennfahrer-Kollegen von Graf Berghe von Trips. Der hat ganz

in der Nähe ein Kranwagenunternehmen und soll ihm helfen:

„Hallo Matthias, hier ist der Horst. Du, ich hab 'ne Kirchturmuhr gekauft und muss die

bei mir an den Giebel packen. Kannst du mit 'nem Kran vorbeikommen?"

Hörbares ungläubiges Staunen am anderen Ende der Leitung.

„Du bist ja komplett durchgeknallt. Was willst du denn DAMIT?"

„Hörst du doch: Ich will die vorne an die Halle an die Spitze haben. Dafür brauch ich aber 'nen Kran, die muss ja irgendwie da hoch."

Wasel gibt auf.

„Ich komm vorbei …"

Horst ist zufrieden, organisiert noch mehr Kumpels zum Helfen, vor allem Guzzi-Norbert, den begnadetsten Schrauber diesseits des Rheins, benannt nach seiner Leidenschaft für Motoguzzis. Aber Norbert kann auch Kirchturmuhren, da ist Horst sich sicher. Und Norbert kann. Er bohrt meterdicke Löcher, bringt Platten an, macht und verschweißt und tut. Schließlich ist alles bereit, damit der Kranwagen seinen großen Auftritt bekommen kann.

Nur ein Problemchen gibt es vorher noch: Auf wie viel Uhr stellt man so 'ne Uhr? „Das Einzige, was wir wussten, war: Fünf vor zwölf is' irgendwie schlecht."

Einiges hin und her, dann entscheiden sie sich für drei Uhr. Warum? „Weil wir damals noch um drei Uhr nachmittags den Laden aufmachten." Einfach und logisch, aber

„aus heutiger Sicht falsch!" Später erfährt Horst nämlich von einem Grundsatz der Werbepsychologie: „Uhren in der Werbung sind immer auf die gleiche Zeit eingestellt, nämlich auf zehn Minuten vor zwei. Dann lächelt die Uhr ..."

Die Kirchturmuhr steht trotzdem auch heute noch auf drei Uhr, so wie sie damals angebracht wurde. Und zeigt damit auch ein wenig, dass man sich nach einiger Zeit in der Oldiethek fühlt, als wenn die Zeit stehen geblieben wäre.

Die zweite Kirchturmuhr, die sich hinten im Garten der Oldiethek befindet, ist übrigens ein Duplikat der Giebel-Uhr. Viele Jahre später nämlich steht auf einmal der Verkäufer der ersten Uhr wieder bei Horst im Laden. Ob Horst nicht noch eine Kirchturmuhr haben möchte, er hätte damals zwei Stück bekommen und die zweite bei sich im Garten als Tisch aufgestellt. Da aber seine Ehe in die Brüche gegangen sei, müsse er das gute Stück nun loswerden. Horst zögert nur einen Moment, dann nimmt er auch diese Uhr noch und stellt sie bei sich in den Garten, wo sie langsam aber sicher zuwachsen soll. „Das is' dann quasi: die Zeit, von der Zeit selbst eingeholt."

Eine Installation moderner Kunst, made by Horst Lichter, für einen wie ihn gibt's halt nichts, was es nicht gibt.

„*Das macht so viel Spaß, hoffentlich bleibt das noch hundert Jahre erhalten. Ich kann mir gar nicht vorstellen, dass es den Laden hier irgendwann nicht mehr geben könnte.*"

Hat so viel Vergangenheit Zukunft?

Horst Lichter ist das, was man im Mediengeschäft, durchaus positiv gemeint, eine Rampensau nennt. Er liebt den öffentlichen Auftritt und das Gefühl, den Menschen Spaß zu bereiten, sie aus dem Alltag zu entführen.

Auch die Oldiethek ist ihm Bühne, wenn der Laden geöffnet ist und er den Menschen die Geschichten der Dinge dort erzählen kann. Trotzdem bekennt er im Vorwort seines Kochbuchs „Genießen erlaubt": *„Es mag sentimental klingen, Momente tiefer Zufriedenheit empfinde ich immer dann, wenn ich ganz allein durch die Oldiethek gehe. Wenn ich die vielen schönen und alten Dinge sehe, die mich umgeben. Dann möchte ich mich am liebsten nie mehr von ihnen trennen und mich auch nicht für eine kürzere Zeit von ihnen entfernen."*

Zur Zeit trennt er sich immer mal wieder, wenn er unterwegs auf den Bühnen der Republik ist, um die Rampensau zu geben. Aber er kommt immer wieder zurück. Und dann fragt er sich in den ganz stillen Momenten, was aus dieser Welt, die sich Lichters Oldiethek nennt, wohl einmal werden wird, wenn es keinen Horst mehr gibt. Ein wenig früh solche letzten Fragen, mag man denken, er steht schließlich in der Blüte seiner Jahre. Aber einem wie ihm, der die Erfahrung, wie schnell alles vorbei sein kann, schon mehrfach schmerzvoll gemacht hat, sind solche Gedanken nicht fremd.

Die Frage gehört zu ihm, und sie gehört ans Ende dieses Buches, das dem Mythos Oldiethek nachspürt. Das findet Horst auch selbst: „Diese Frage darf man ruhig mal stellen. Was soll aus all dem werden, wenn ich nicht mehr bin? Wer ist verrückt genug, um das in meinem Sinne weiterzuführen? Oder um es mit der alten Dame zu sagen, die mir den Brockhaus geschenkt hat: Es muss doch einen Ort geben, wo all das vor dem Schrottplatz und dem Mülleimer bewahrt wird."

Hier kommt ihm seine eigene Einmaligkeit in die Quere. So wie es für die deutschen Fußballfans bei der WM 2002 nur „ein' Rudi Völler" gab, so gibt es für die Geschichten in seinem Laden auch nur „ein' Horst Lichter". Was würde aus den Dingen, wenn Horst ihre Geschichten nicht mehr erzählen kann? Sind die Dino-Bilder, ist der Friseur-Laden, sind die Kaffeekannen dann plötzlich uninteressant? Einerseits nicht, weil jeder Gegenstand den Betrachter zu neuen persönlichen Geschichten animiert, wie es jederzeit im Laden zu beobachten ist. Andererseits würde das Zentrum fehlen, das die alten, „echten" Geschichten sammelt und weitererzählt. Sie alle sind die Seele dieses Ladens, dessen Herz Horst Lichter ist. Und Herz und Seele gehören nun mal zusammen.

Das Schönste, was passieren könnte, wäre eigentlich eine Kopie der Geschichte, wie die Bibliothek von Lore Lorentz in die Oldiethek kam. Wenn ein anderer Verrückter, wo auch immer es ihn geben mag, einen Anruf bekäme und gefragt würde, ob er von seinen vielen Sachen nicht etwas verkaufen möchte. Und wenn dieser andere Verrückte das dann wieder und wieder ablehnen würde. Solange, bis jemand bei ihm vor der Tür

steht und ihm die Oldiethek-Geschichten mit den Worten übergibt: „Ich wollte nur sicher sein, dass Sie all das niemals auseinanderreißen werden."

Gibt es ihn, diesen anderen Horst Lichter? Kann es ihn überhaupt geben? Und hätte der nicht dann eigentlich nur eine einzige Geschichte, nämlich die der Oldiethek, statt der Geschichten der Dinge?

Wirklich beantwortet werden können diese Fragen heute wohl nicht. Und man kann nur hoffen, dass es lange noch nicht notwendig werden wird, sie zu beantworten. Damit noch viele weitere Geschichten in den verrückten Laden an der Landstraße in Rommerskirchen-Butzheim einziehen können.

Horst wird schon dafür sorgen, denn: „So lange mein Herz schlägt, wird auch das der Oldiethek schlagen."

Bibliografische Information der Deutschen Nationalbibliothek
Die Deutsche Nationalbibliothek verzeichnet diese Publikation
in der Deutschen Nationalbibliografie; detaillierte bibliografische
Daten sind im Internet unter http://dnb.d-nb.de abrufbar.

FSC
Mix
Produktgruppe aus vorbildlich
bewirtschafteten Wäldern und
Recyclingholz oder -fasern
Zert.-Nr. SGS-COC-1425
www.fsc.org
© 1996 Forest Stewardship Council

Verlagsgruppe Random House
FSC-DEU-0100
Das für dieses Buch verwendete
FSC-zertifizierte Papier G-Print
liefert Grycksbo Paper AB, Schweden.

1. Auflage, 2008
Copyright © 2008 by Gütersloher Verlagshaus, Gütersloh,
in der Verlagsgruppe Random House GmbH, München

Umschlaggestaltung, unter Verwendung eines Fotos von © Markus Lanz, und Satz: redhead, Steinhagen
Innenfotos: © Peter Wirtz, historische Fotos © privat, Autorenfoto S. 7: © Jan Penning, Leer
Druck und Bindung: Mohn Media Mohndruck GmbH, Gütersloh
ISBN 978-3-579-06996-8

www.gtvh.de